Dieses Buch gehört :

....

....

....

....

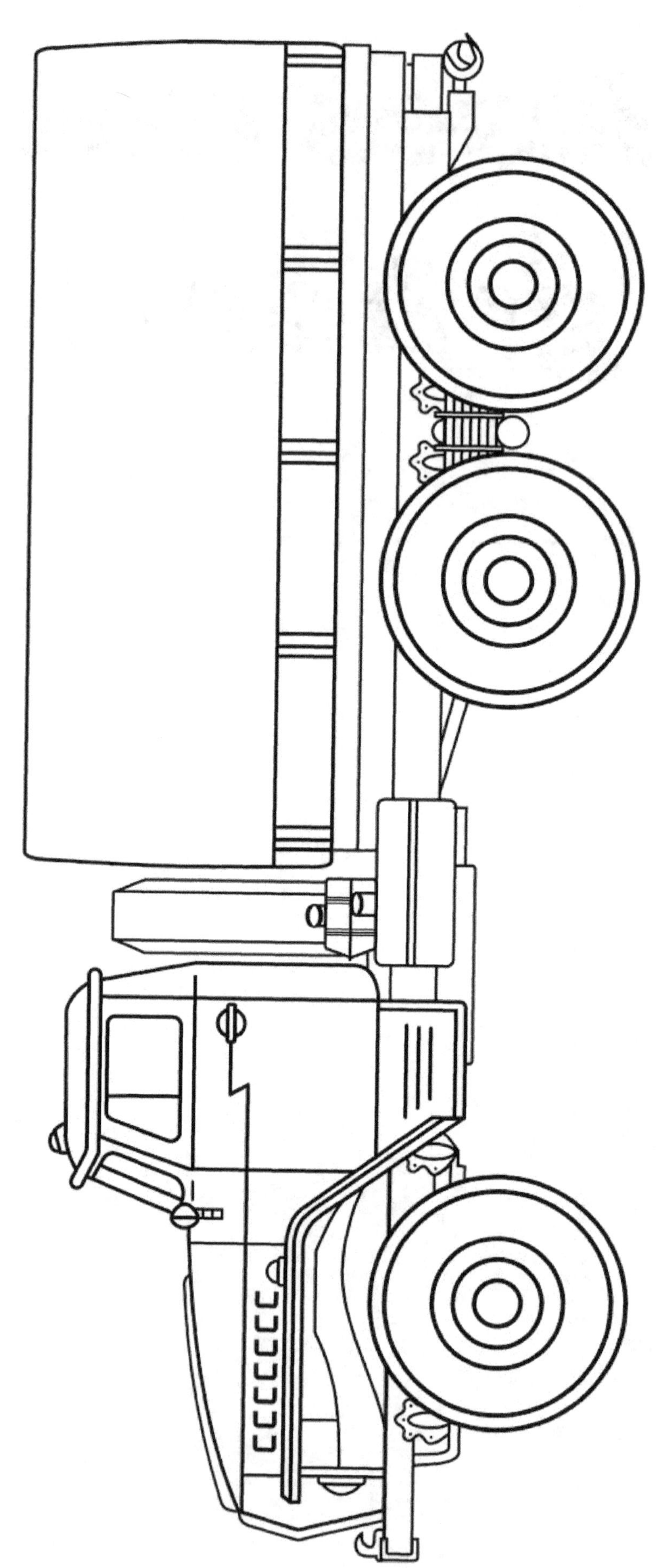

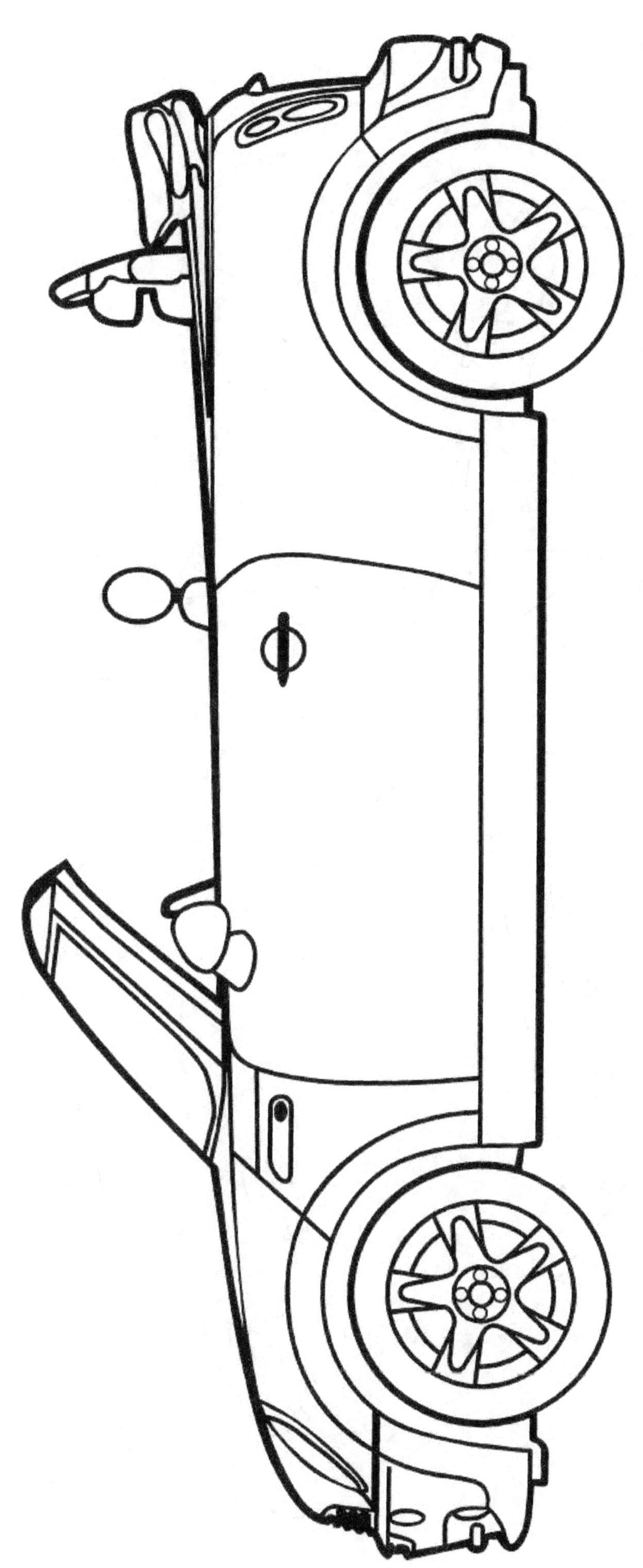

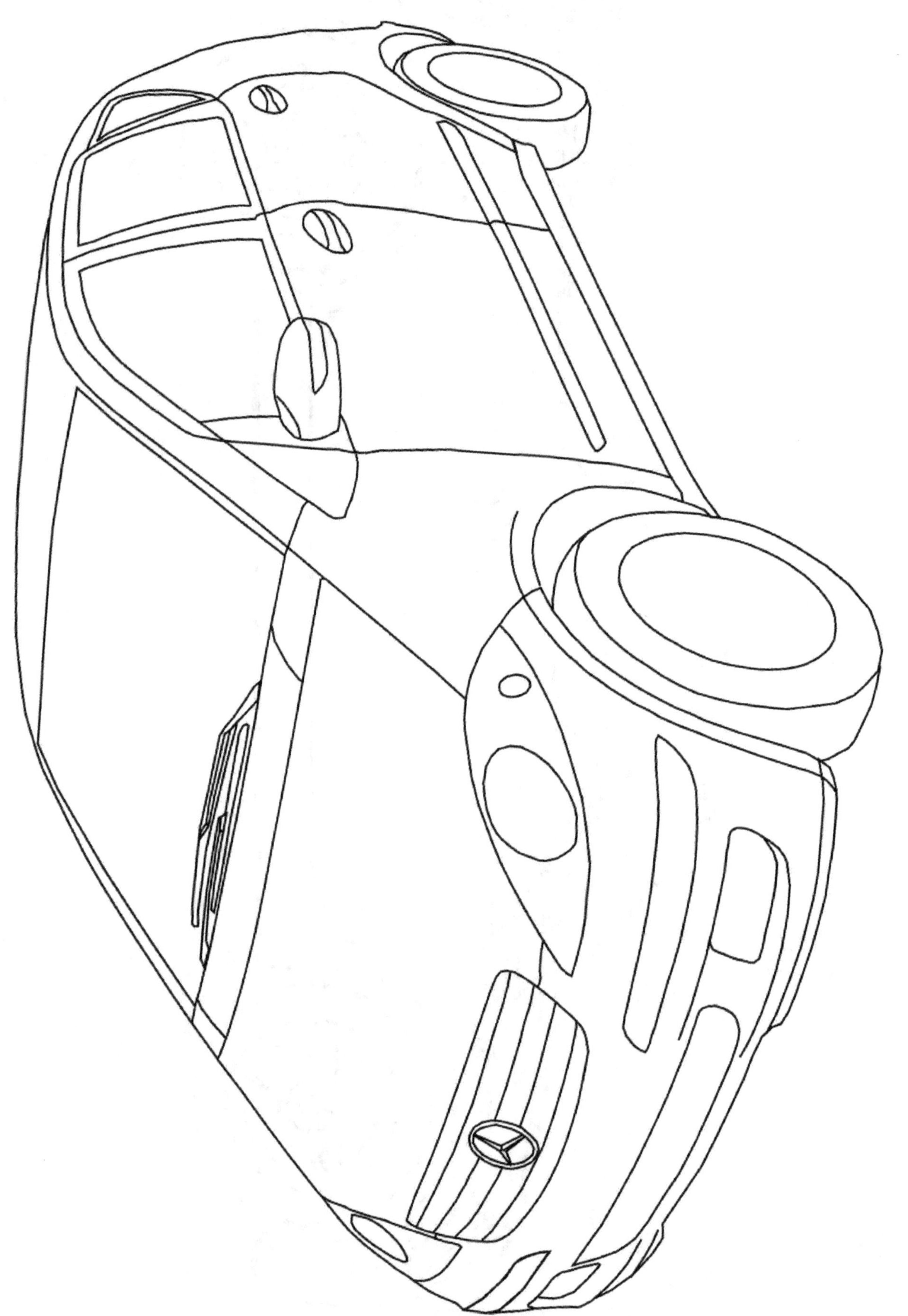

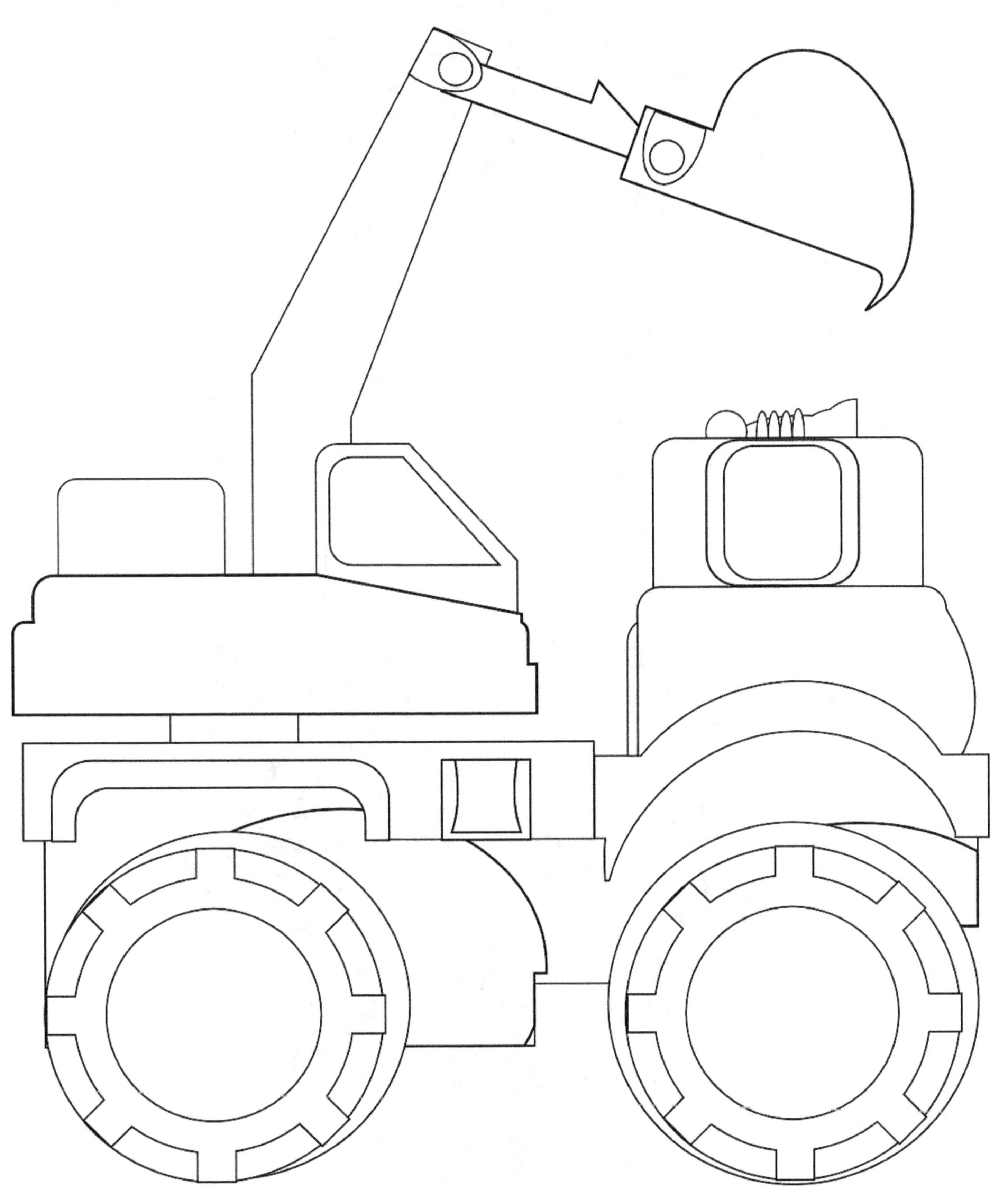

FIAT 600

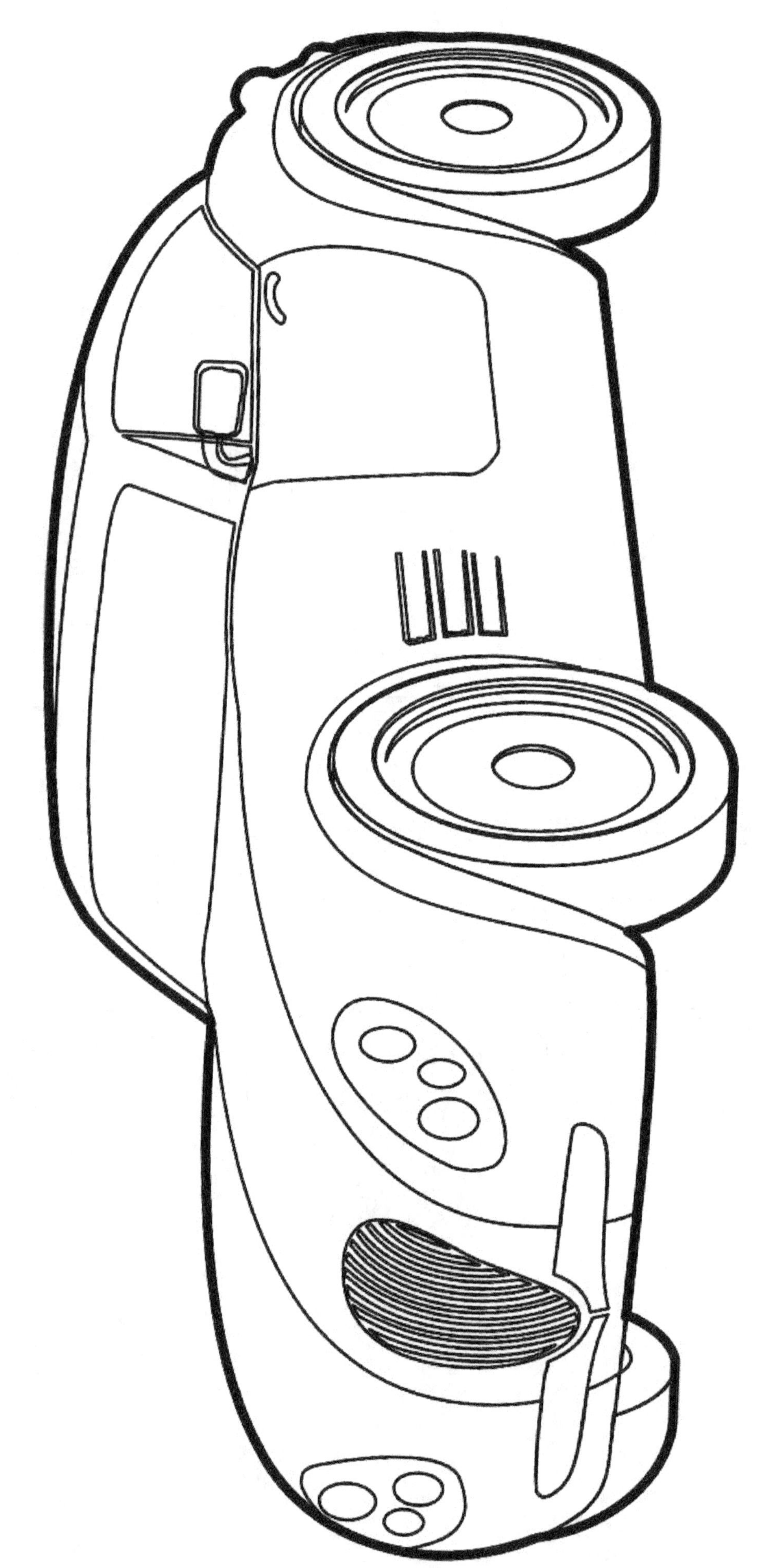

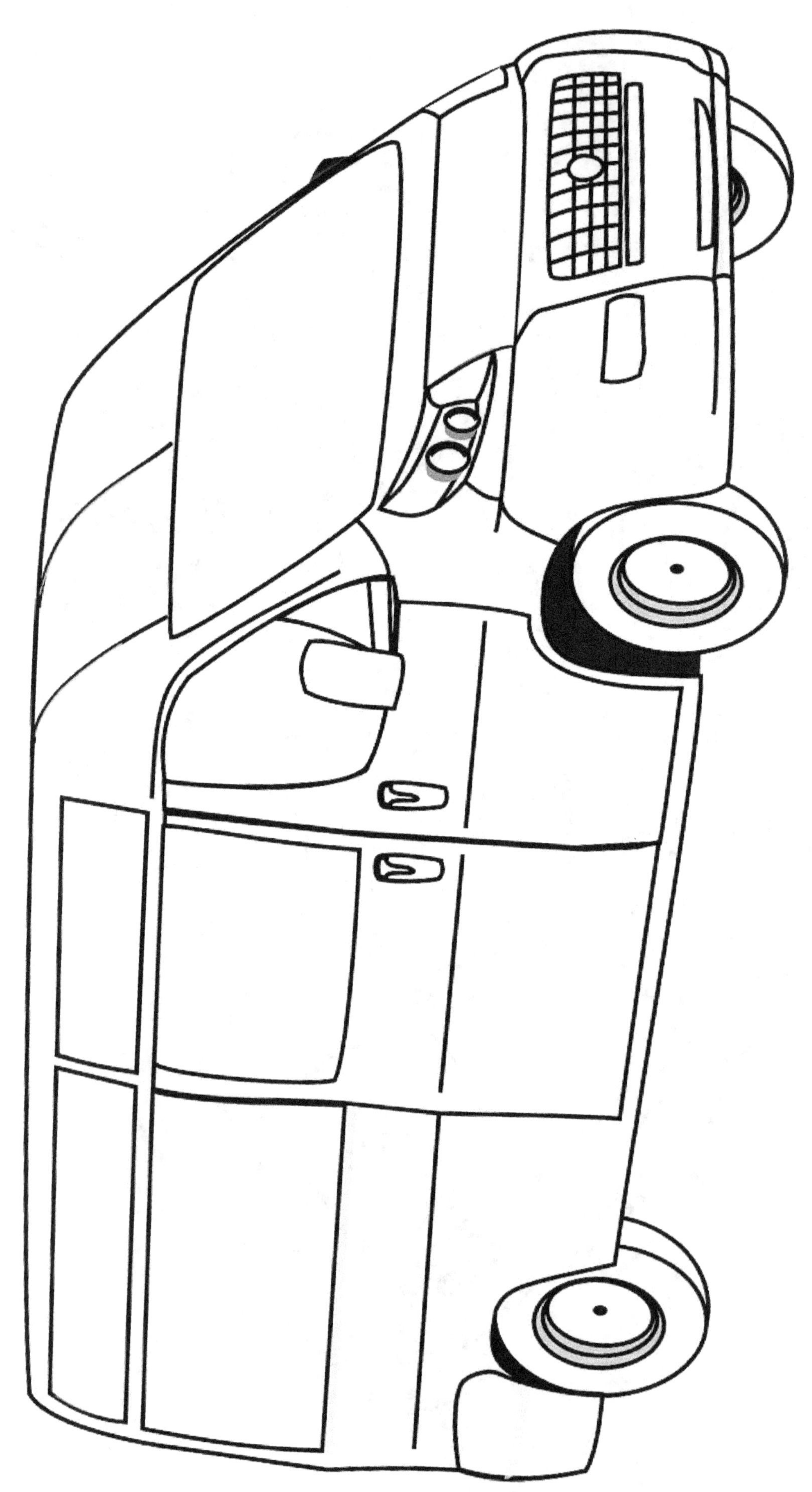

Volkswagen T2

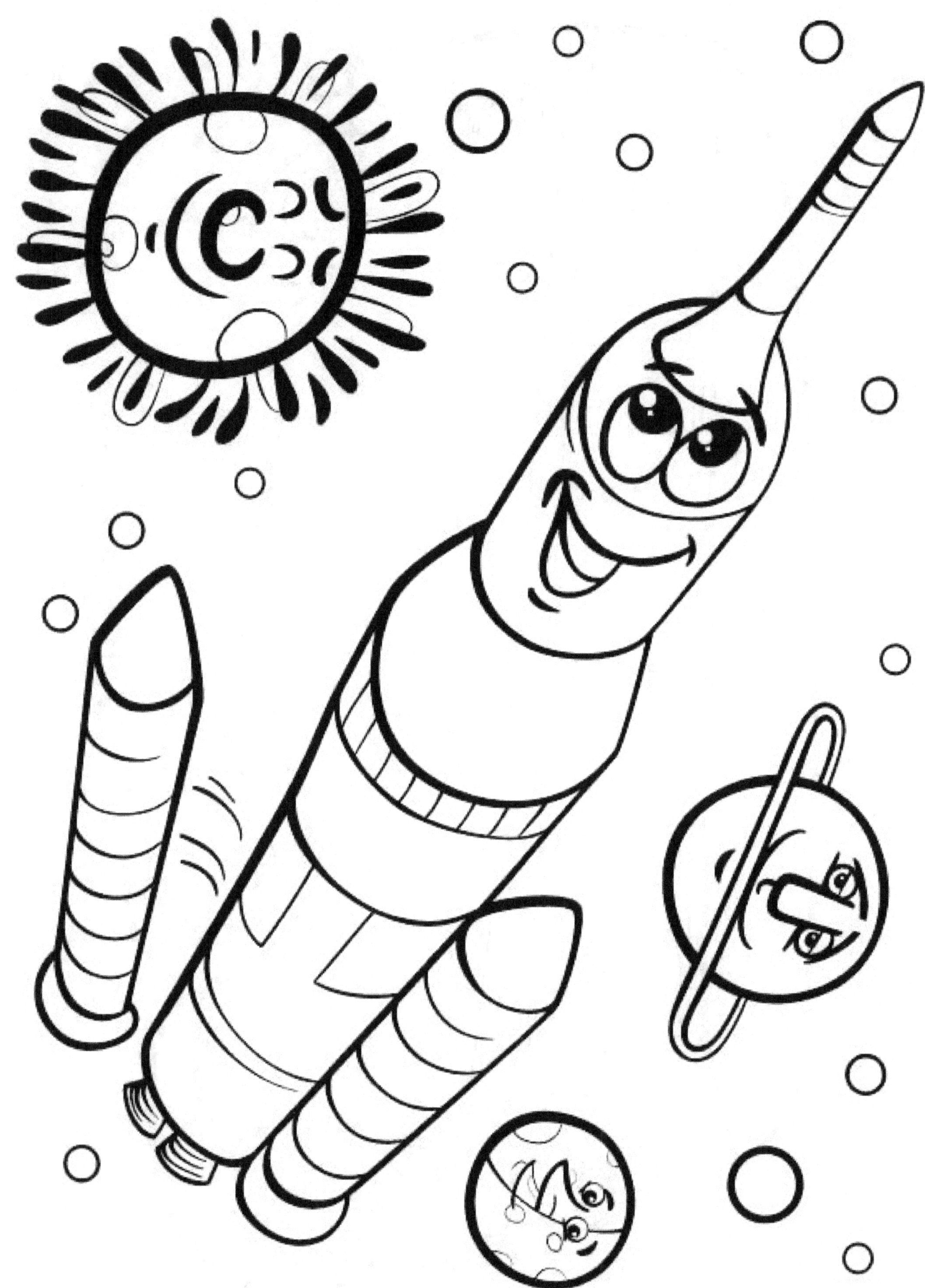

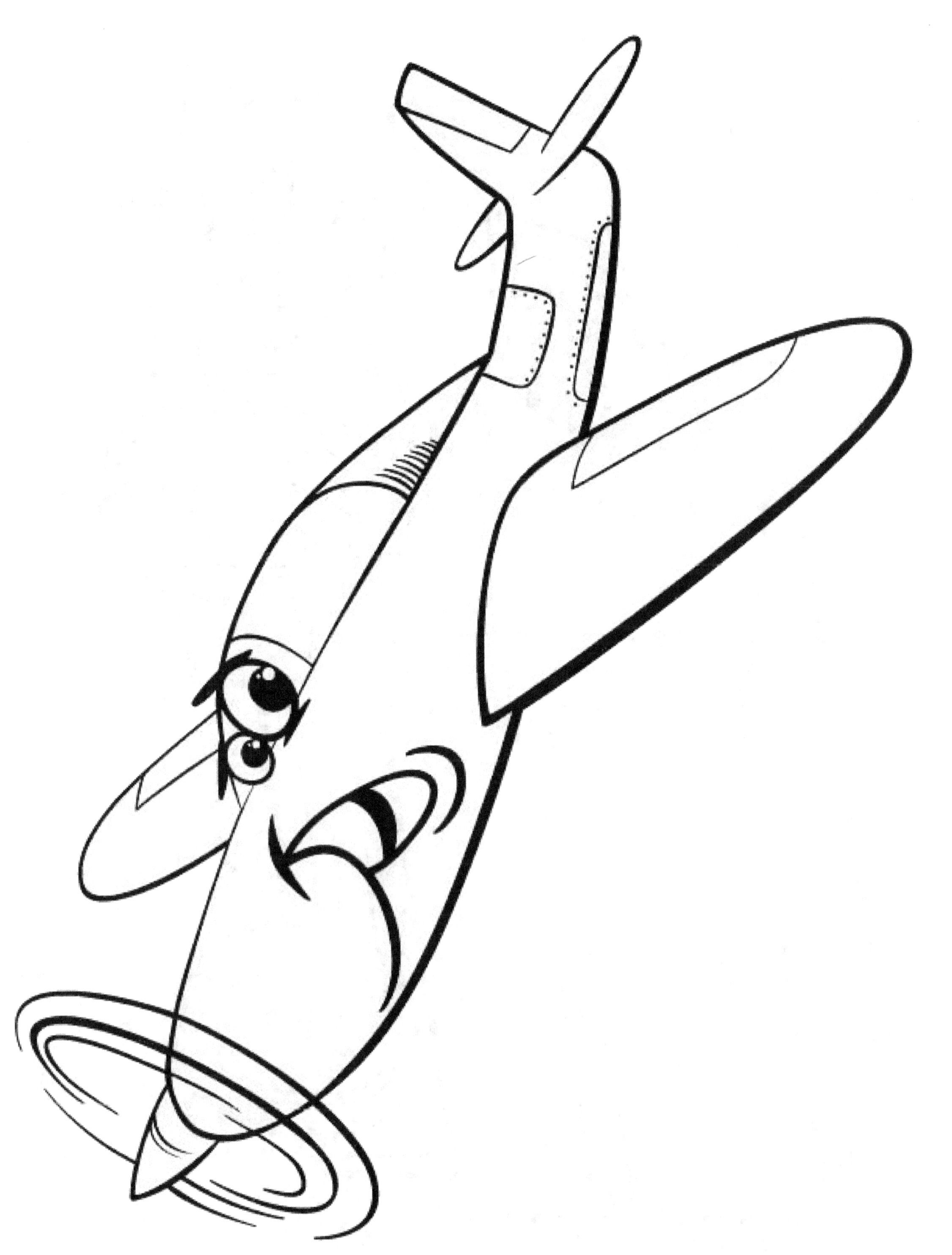

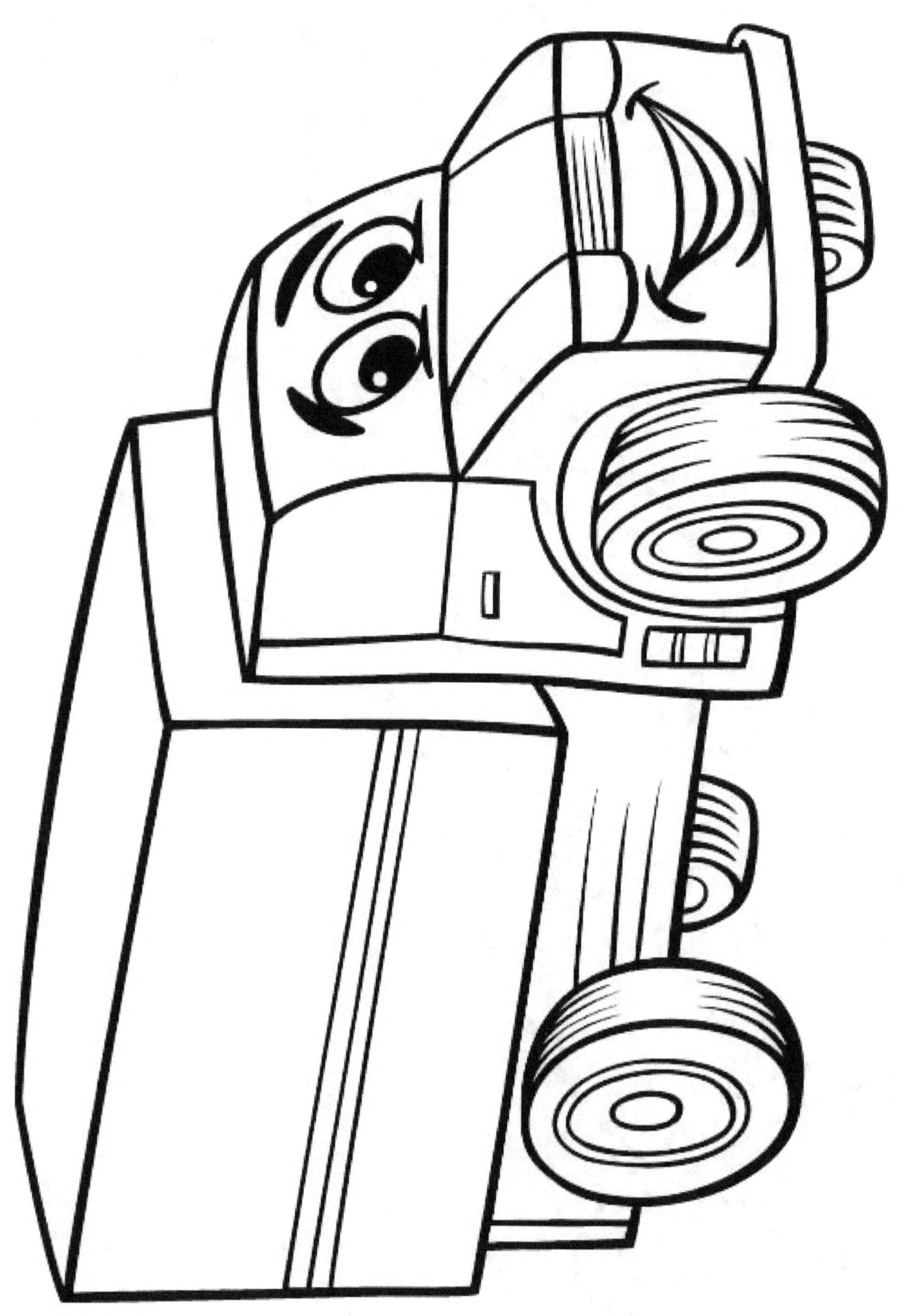

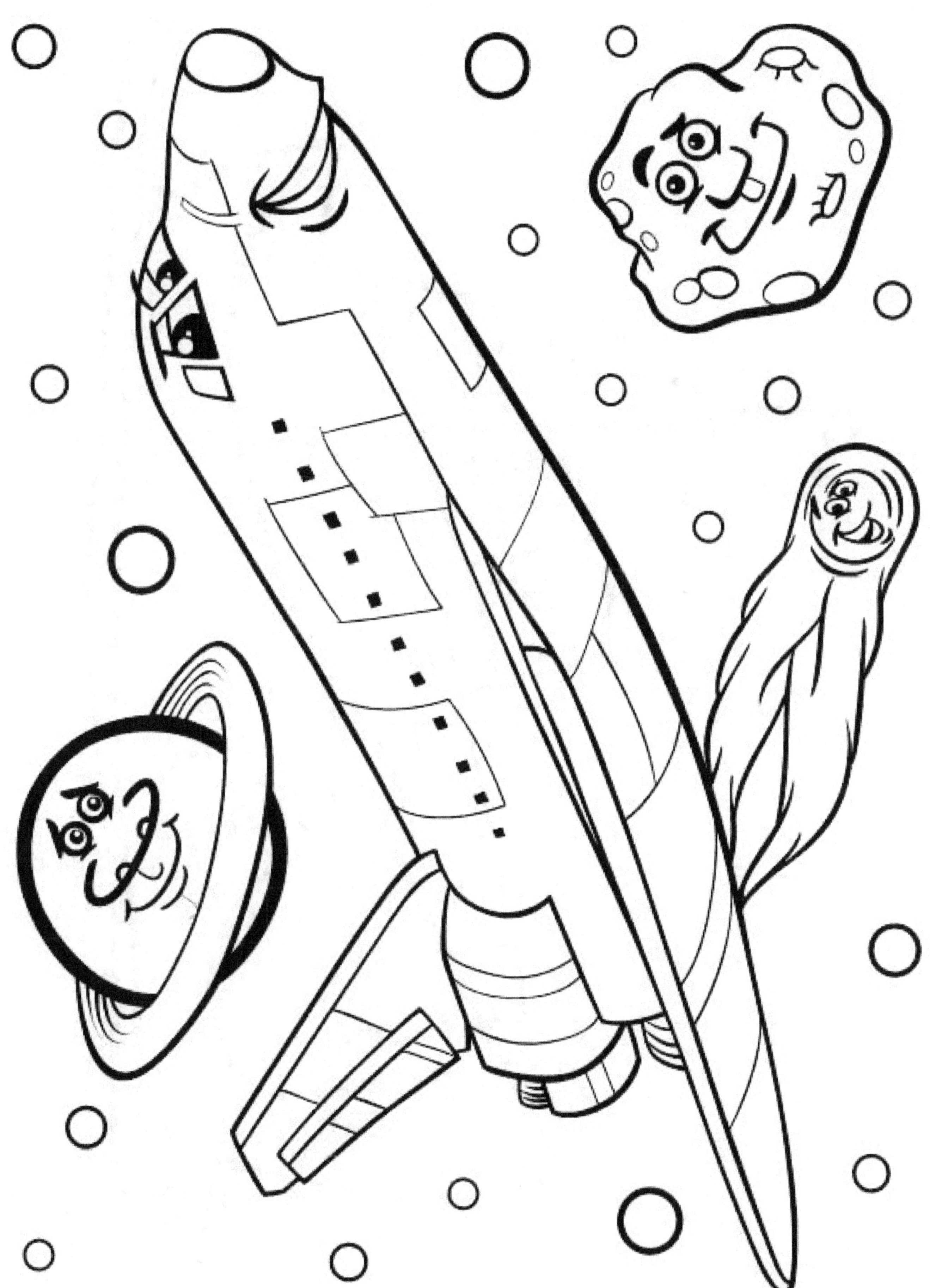

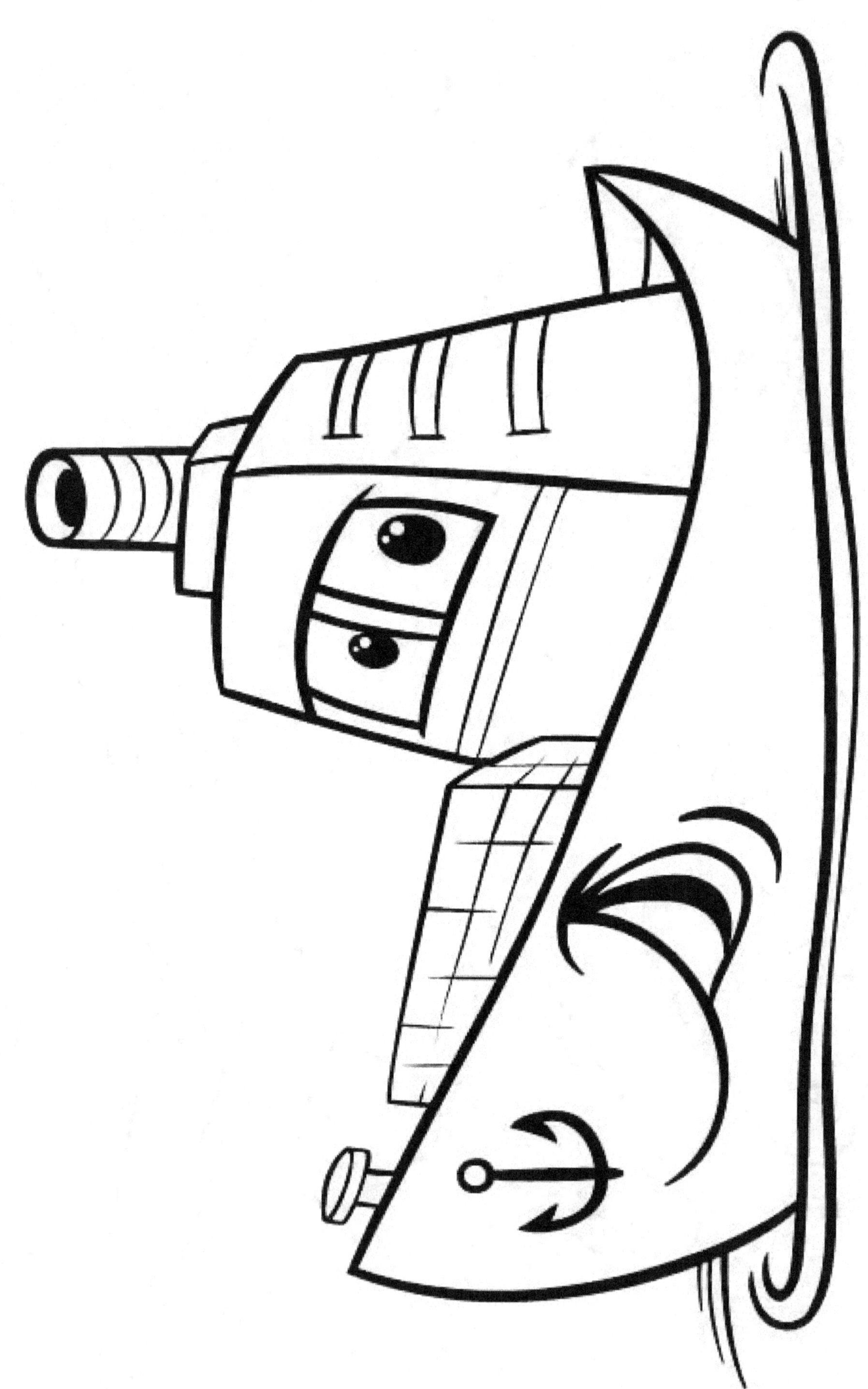

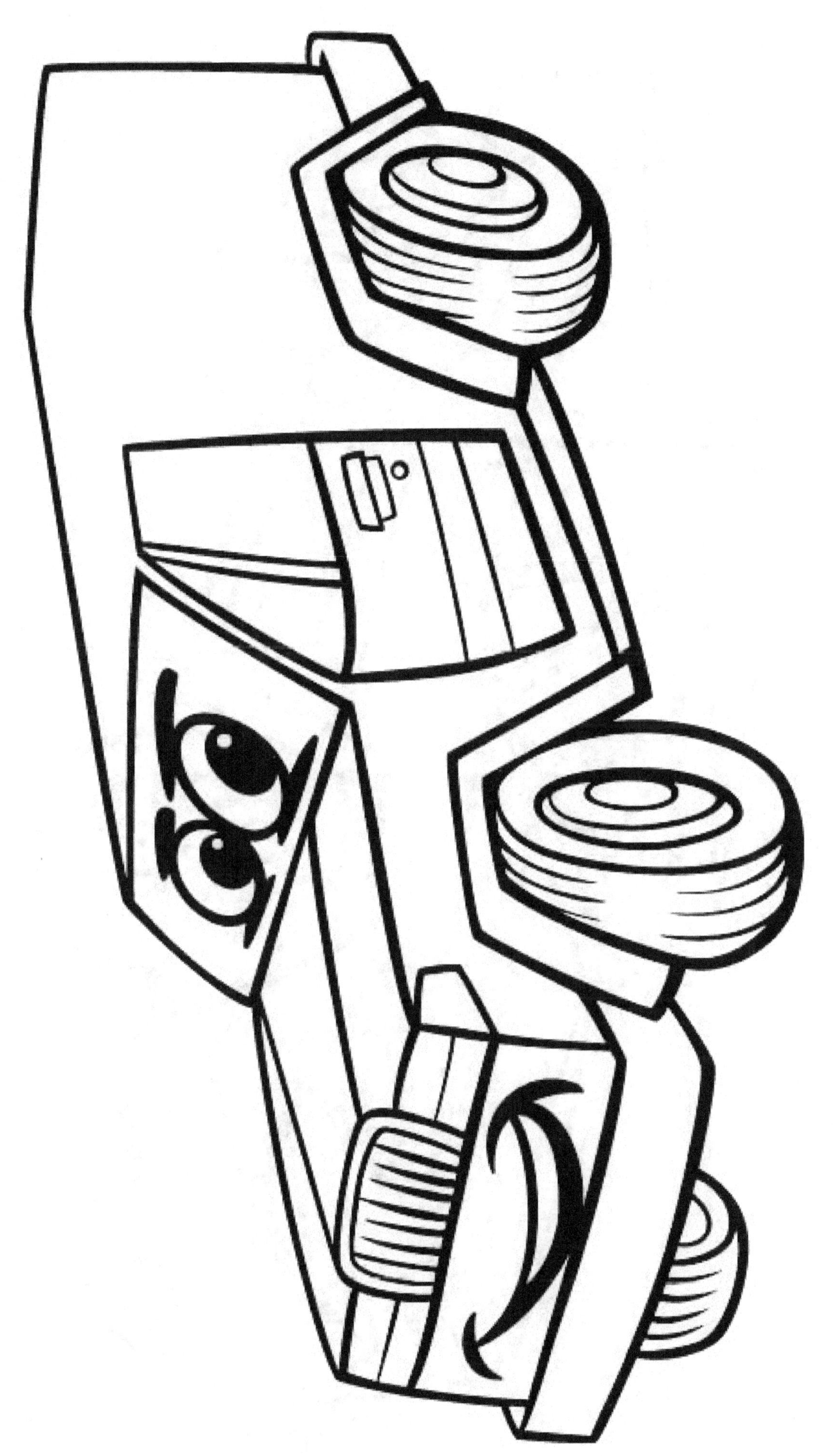

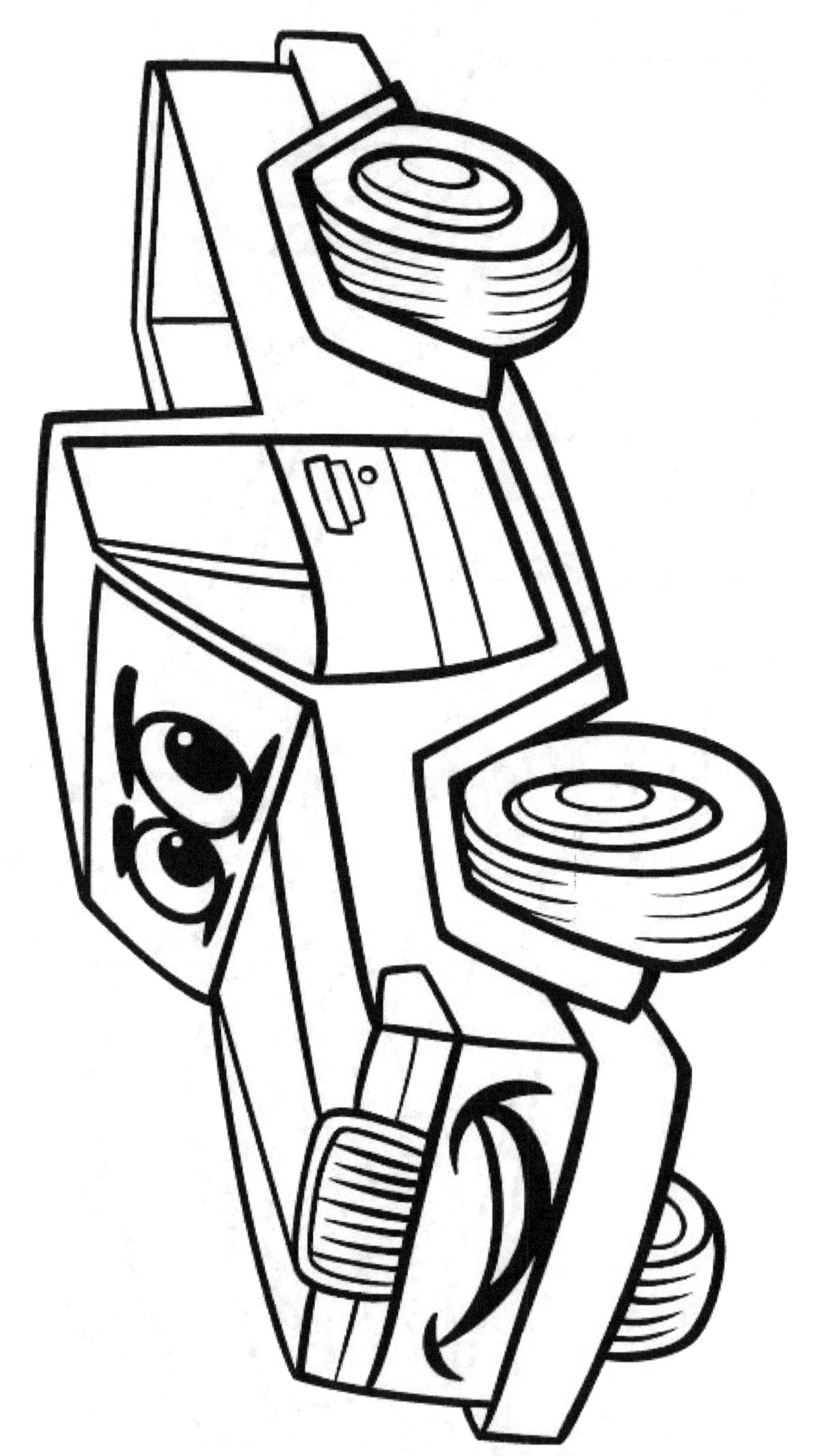

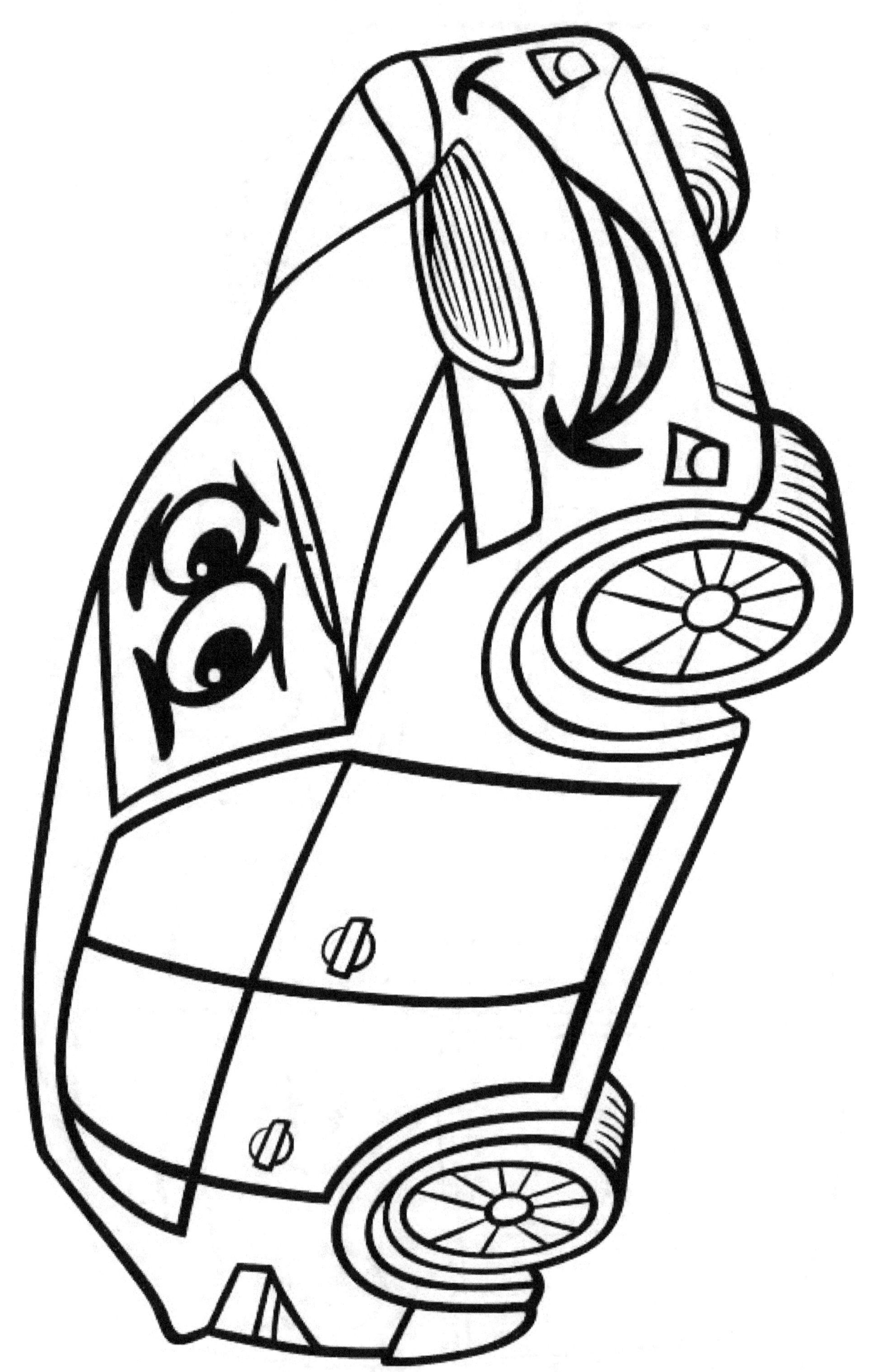

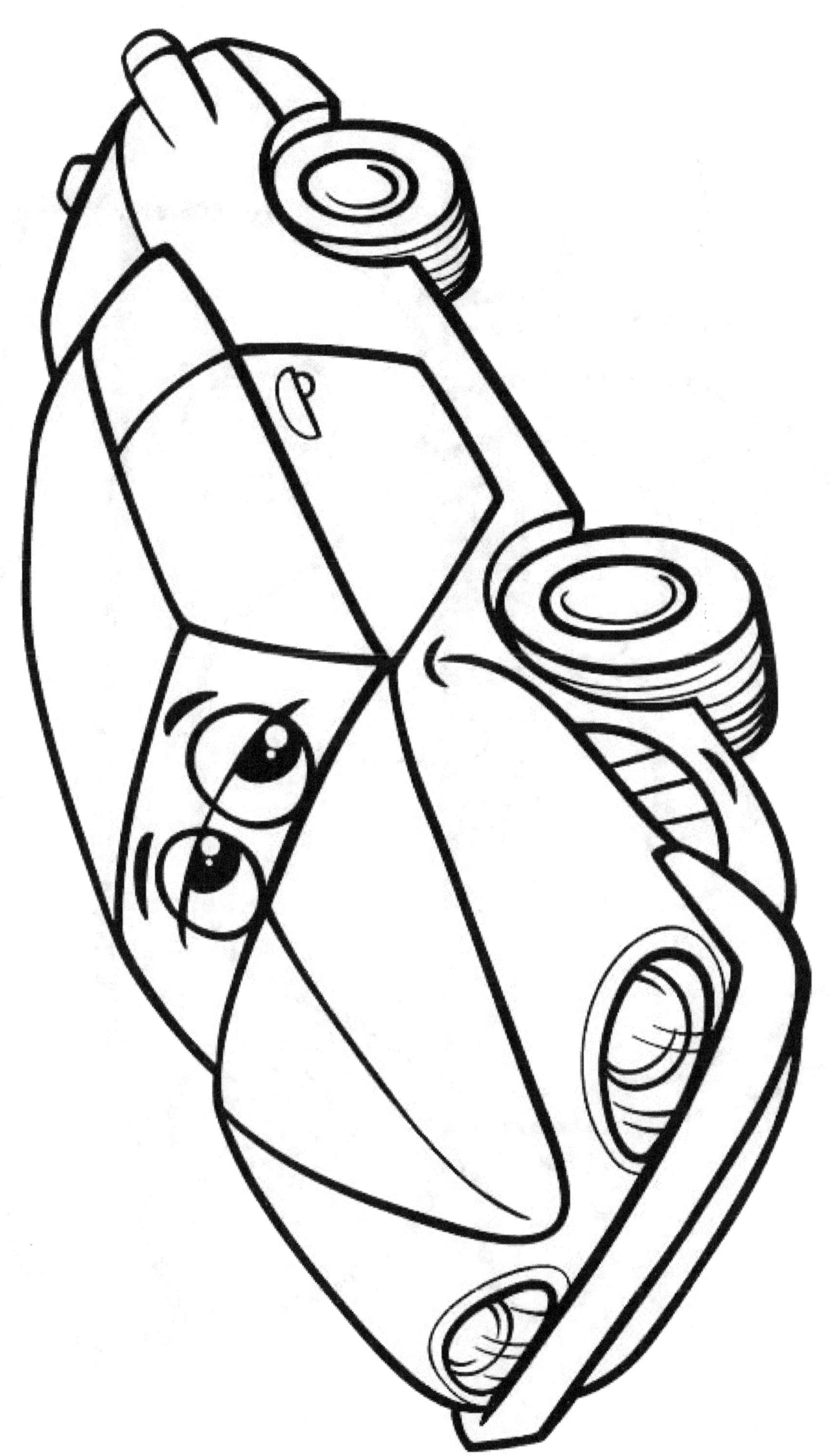

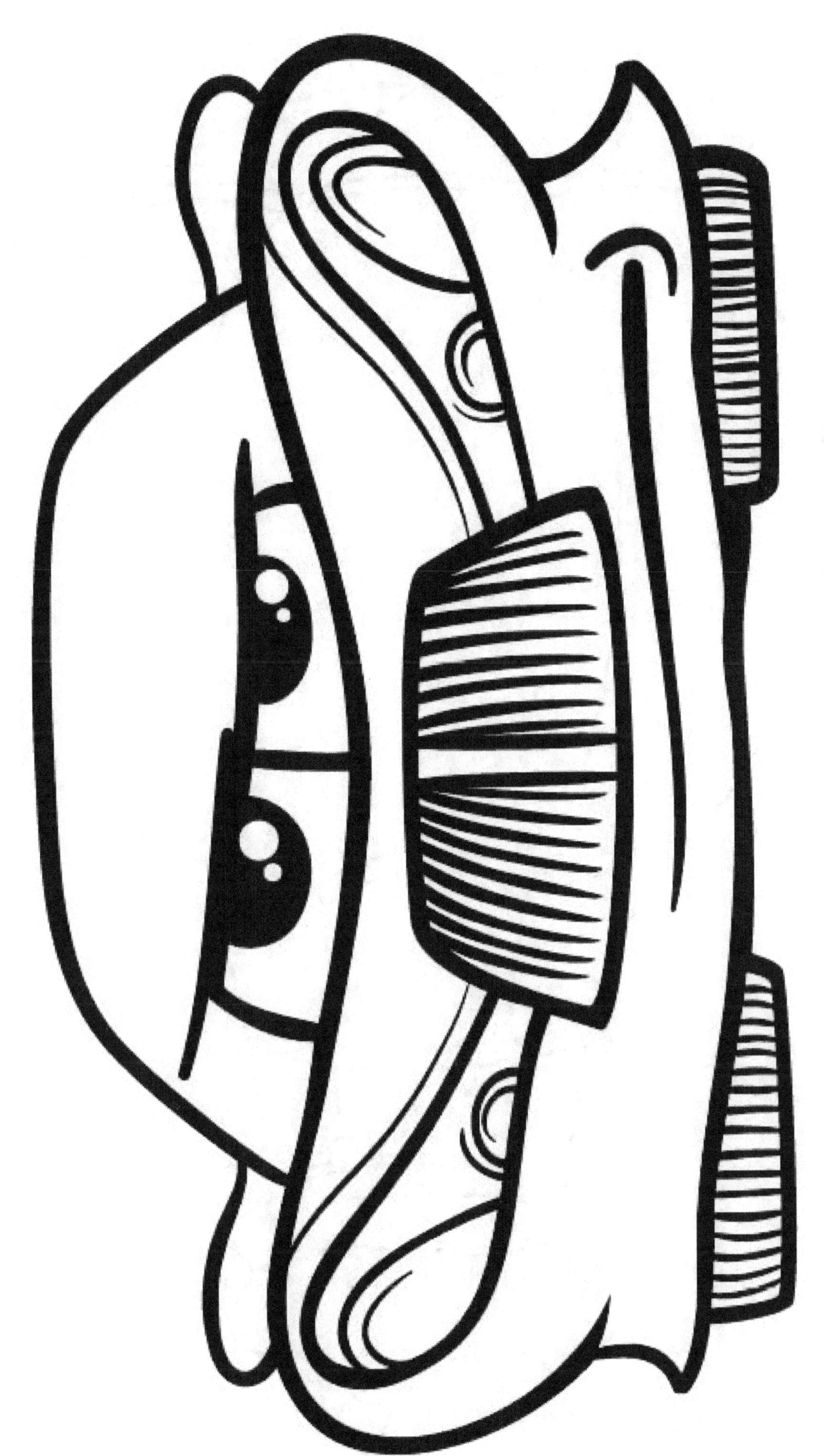

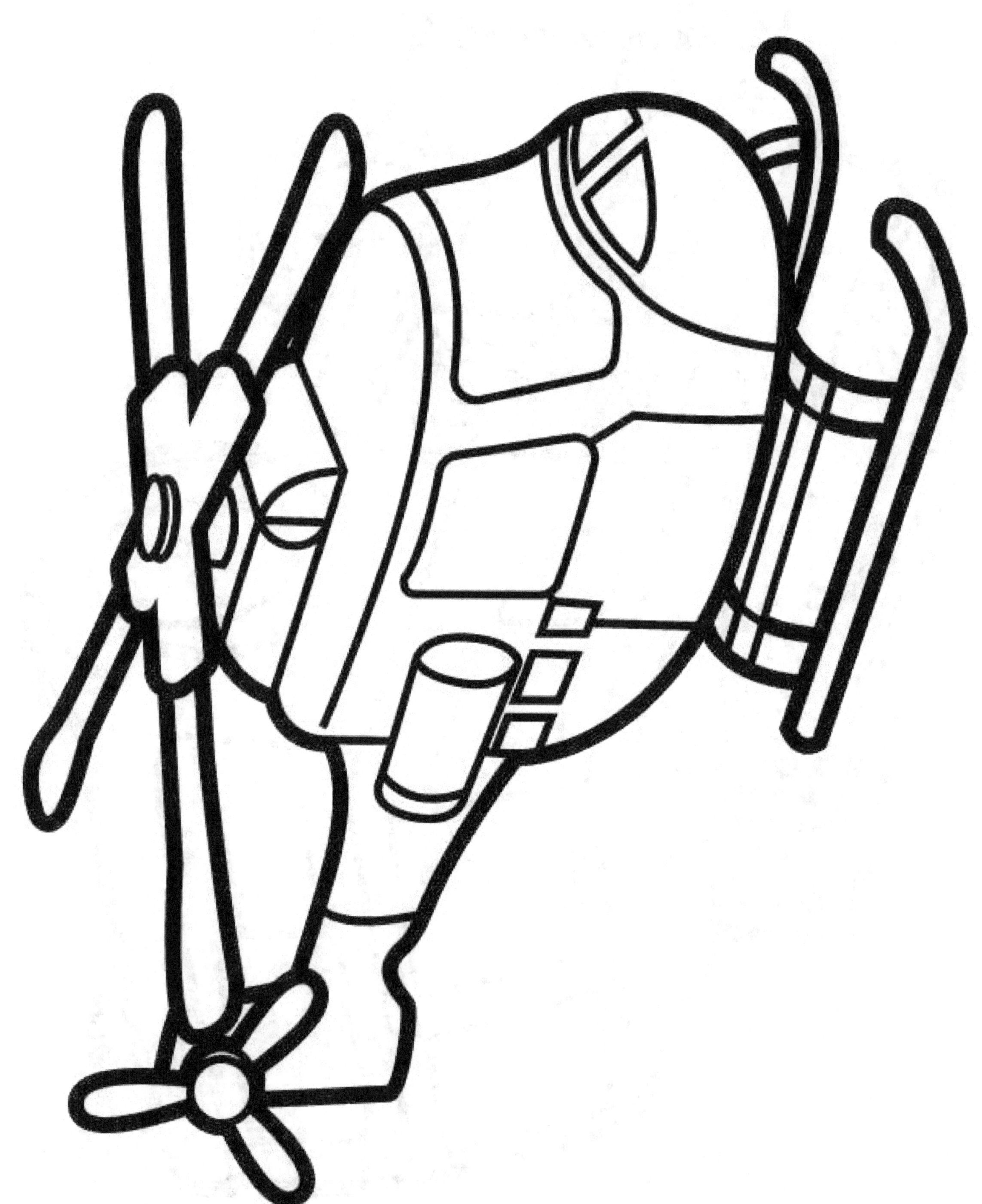

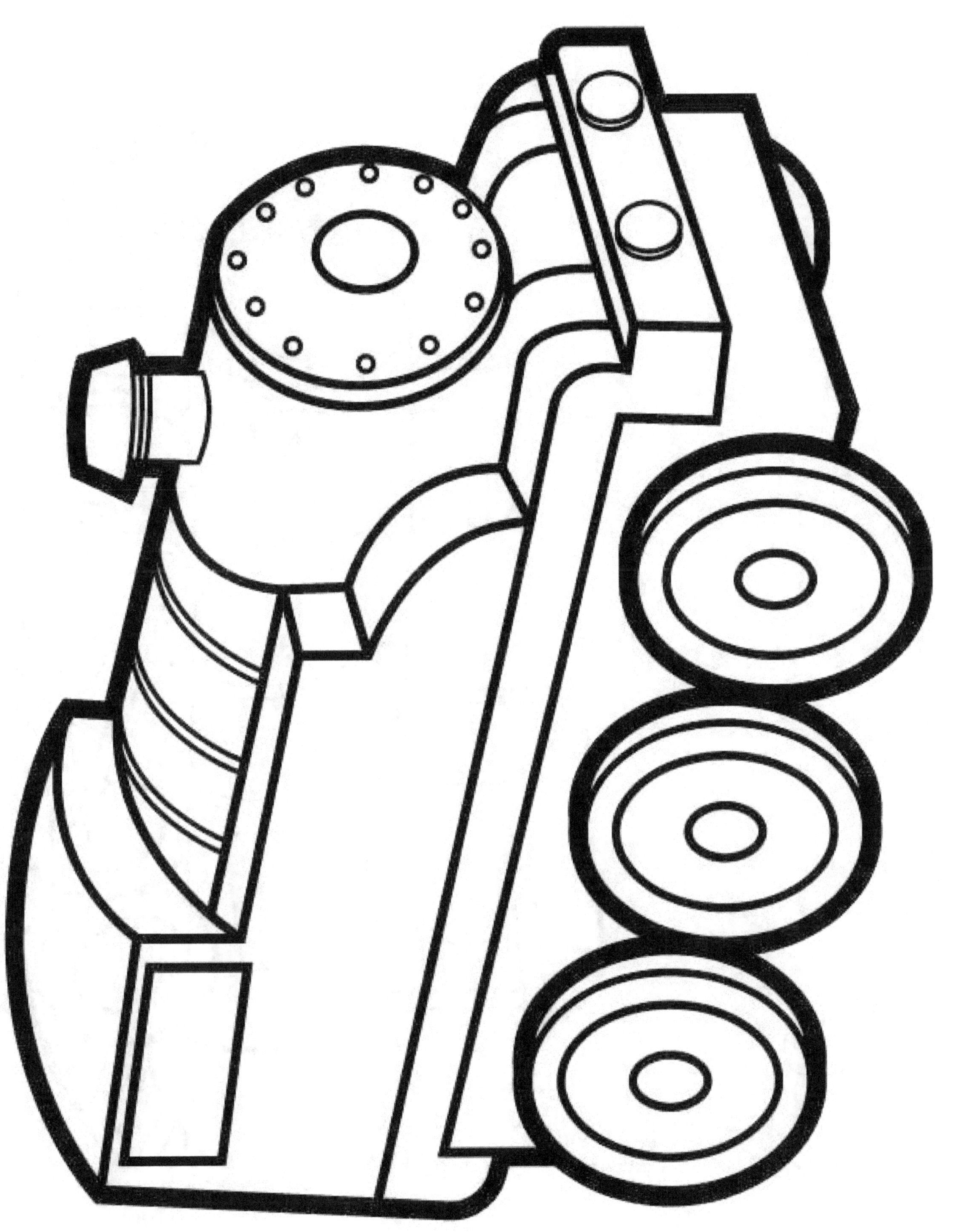

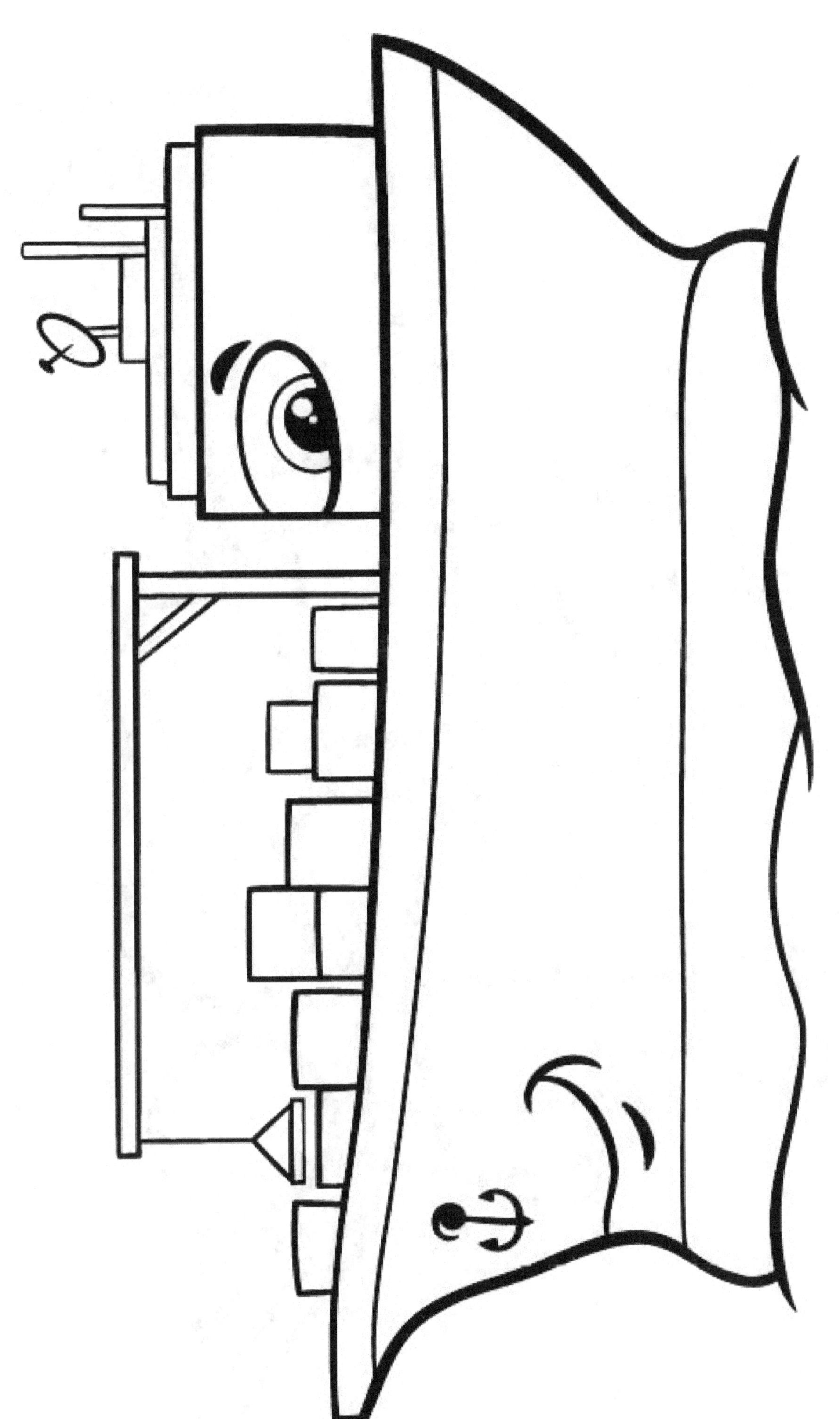

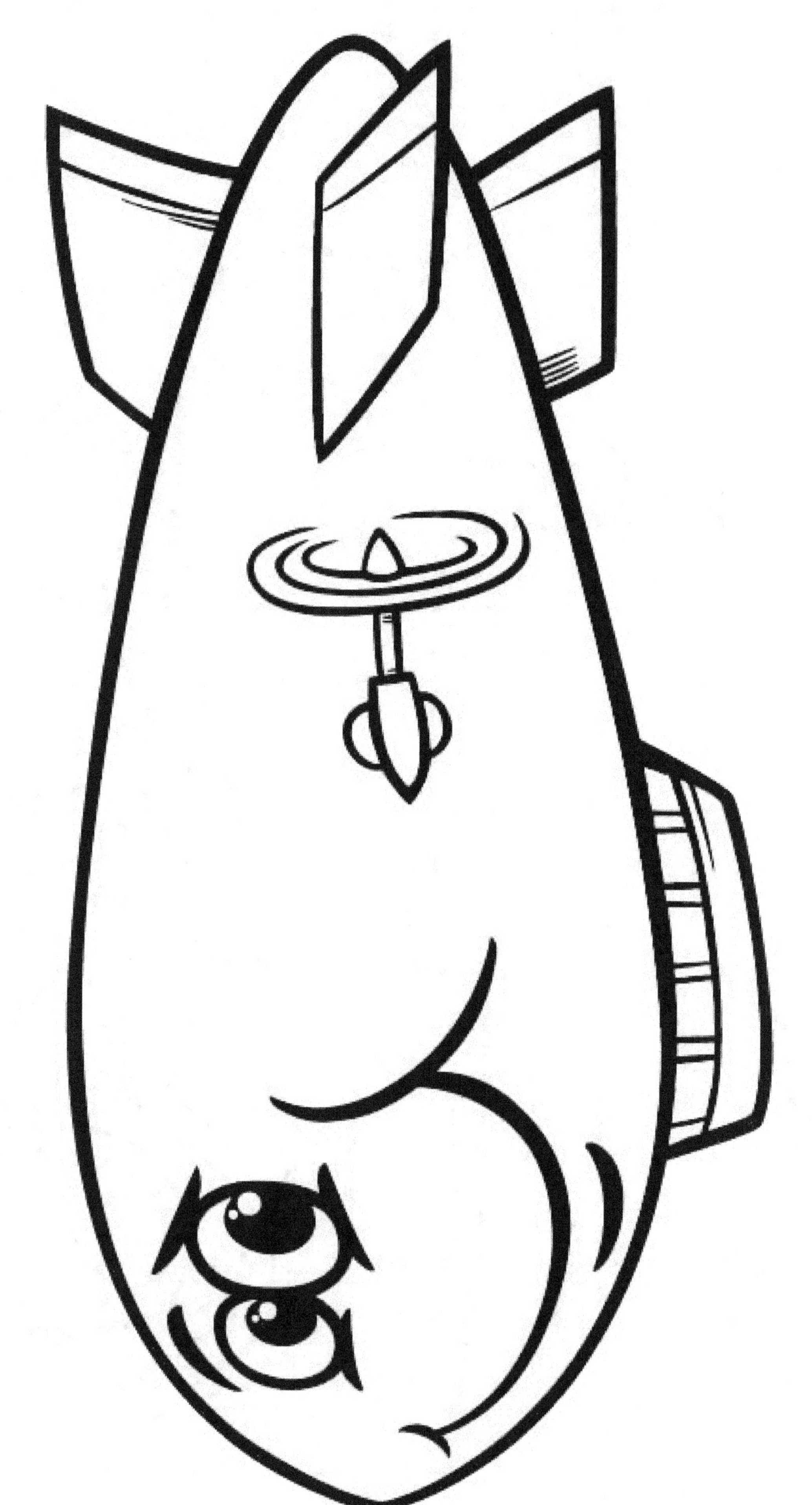

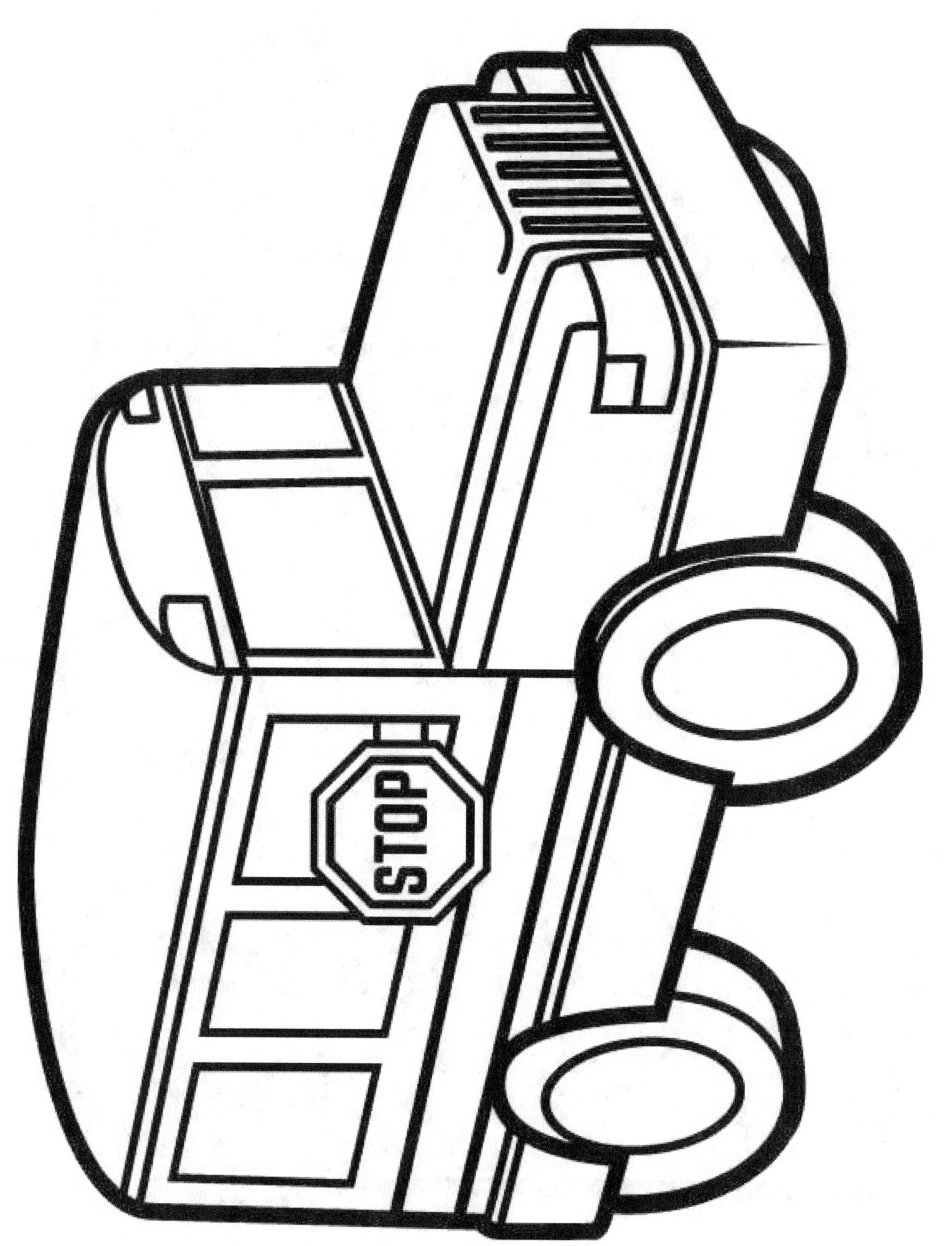
STOP

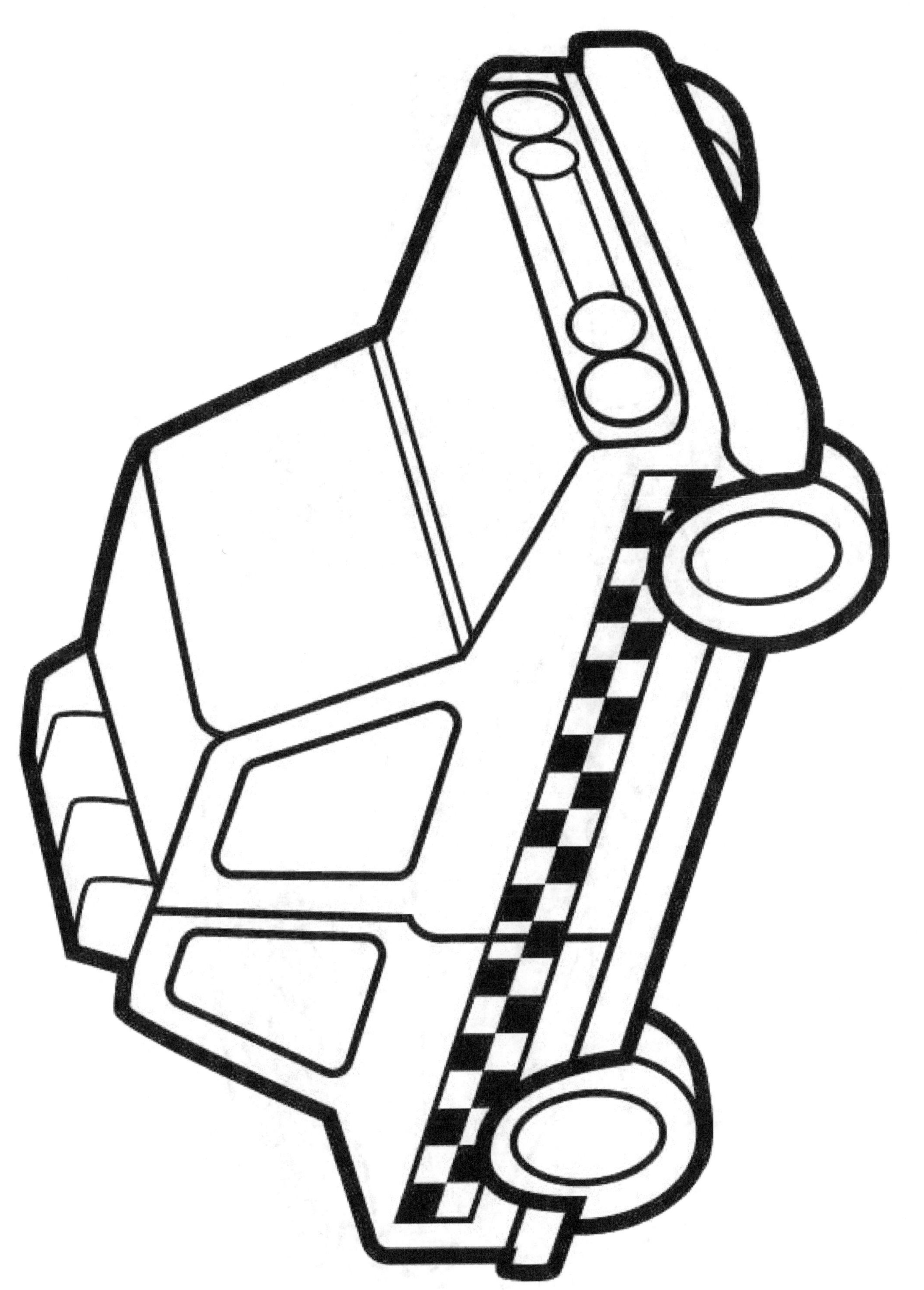

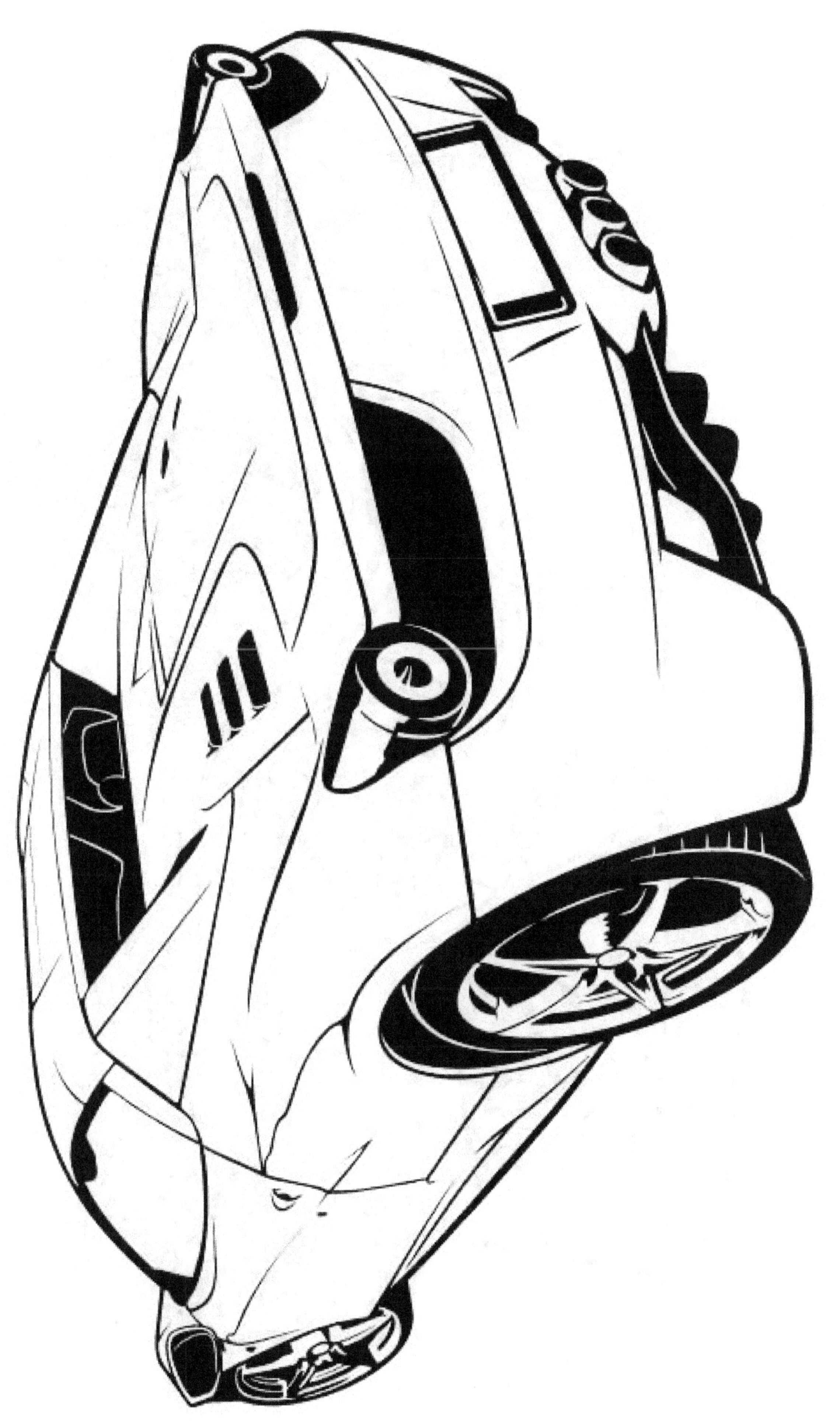

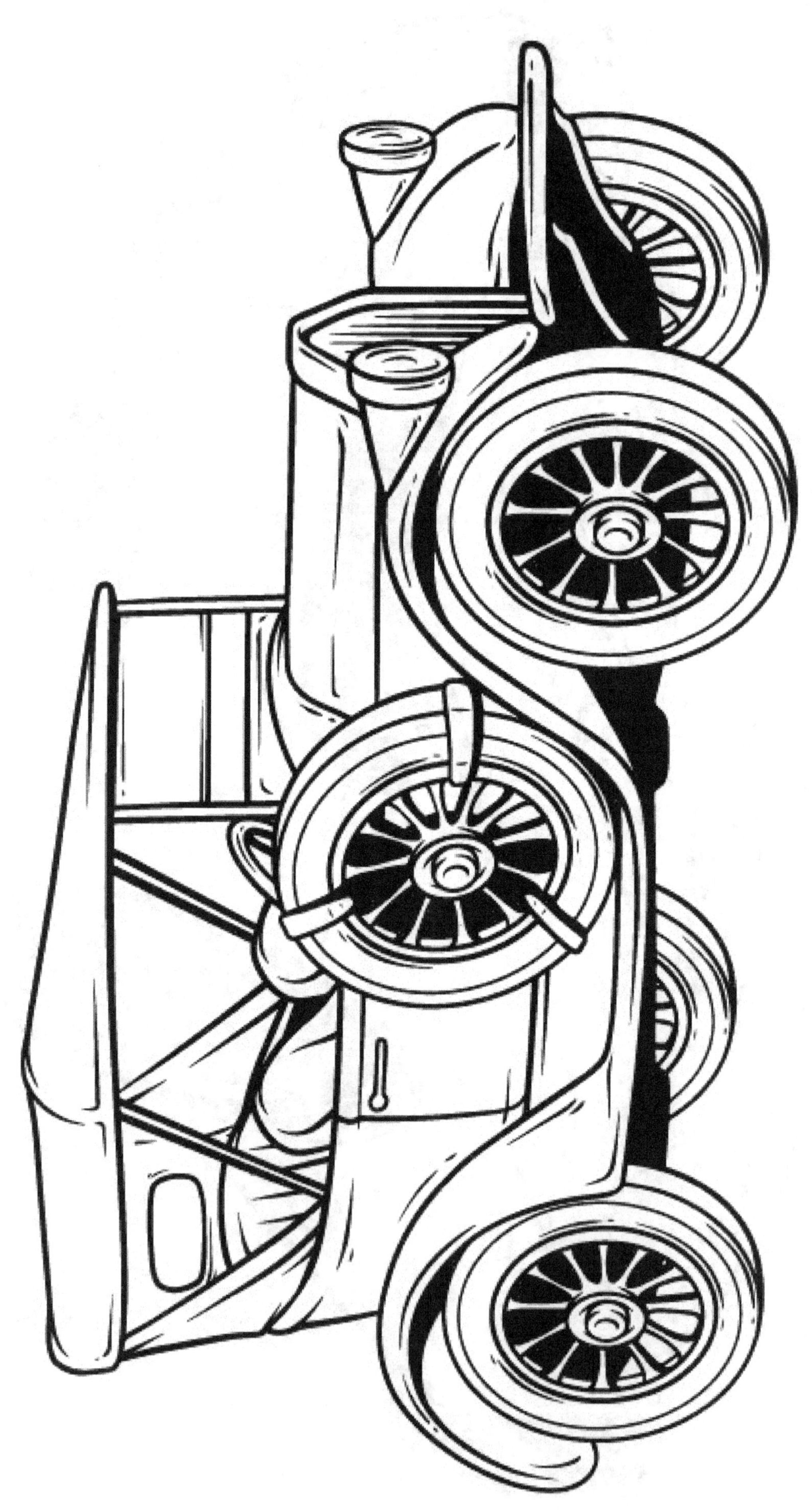

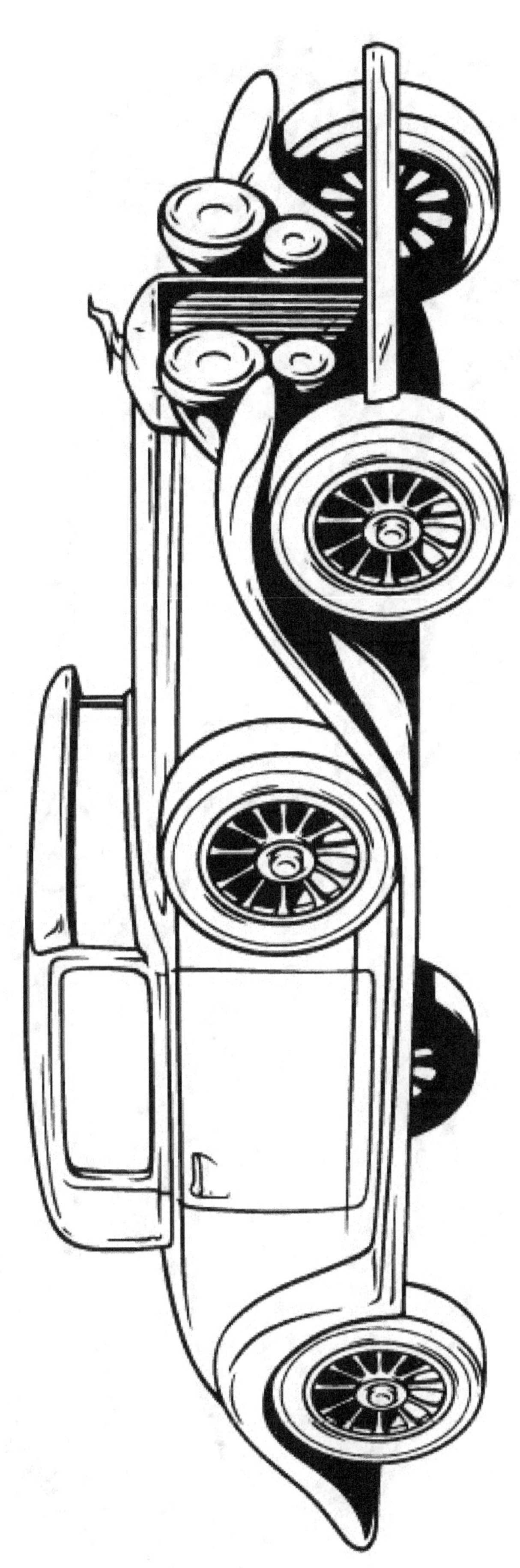

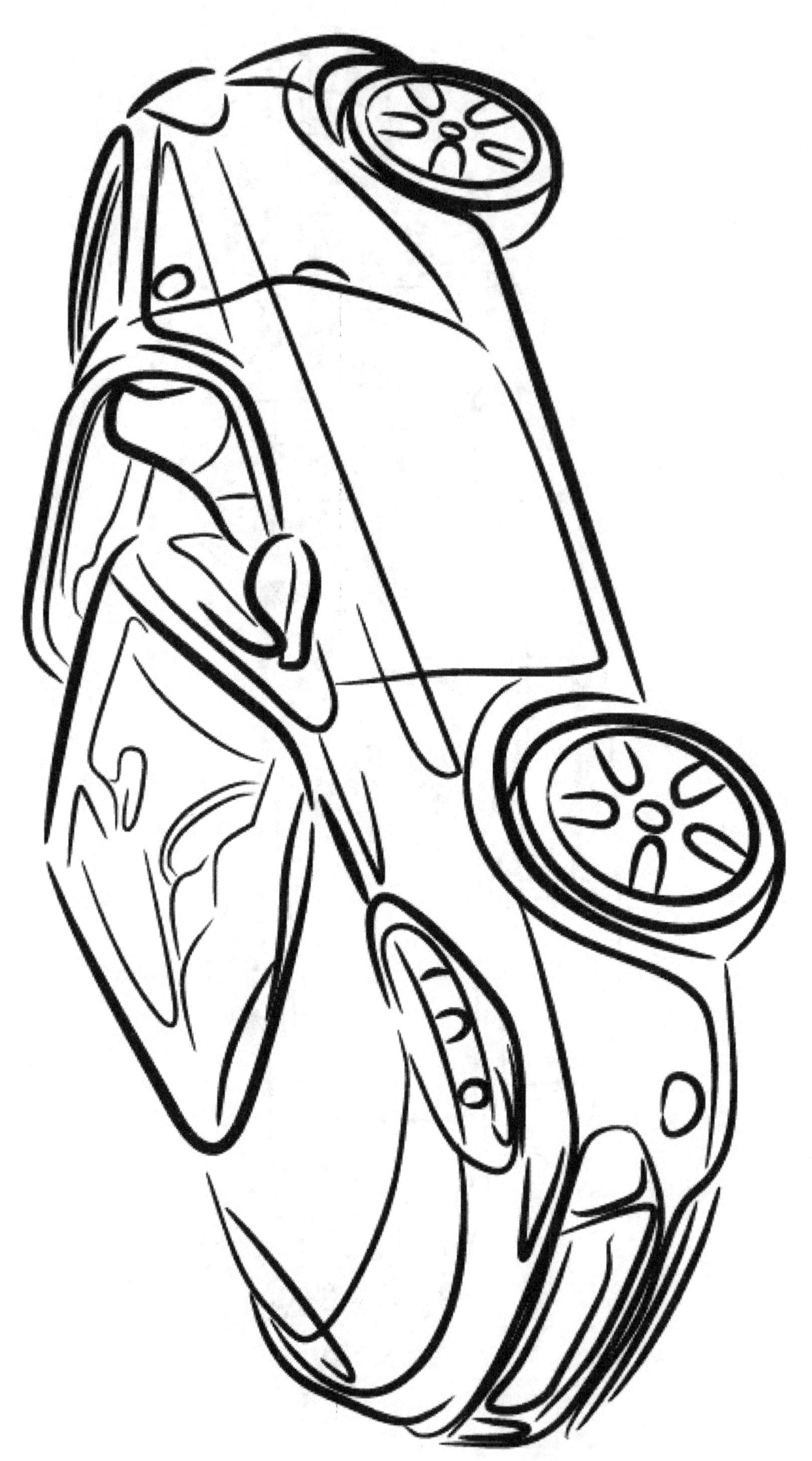

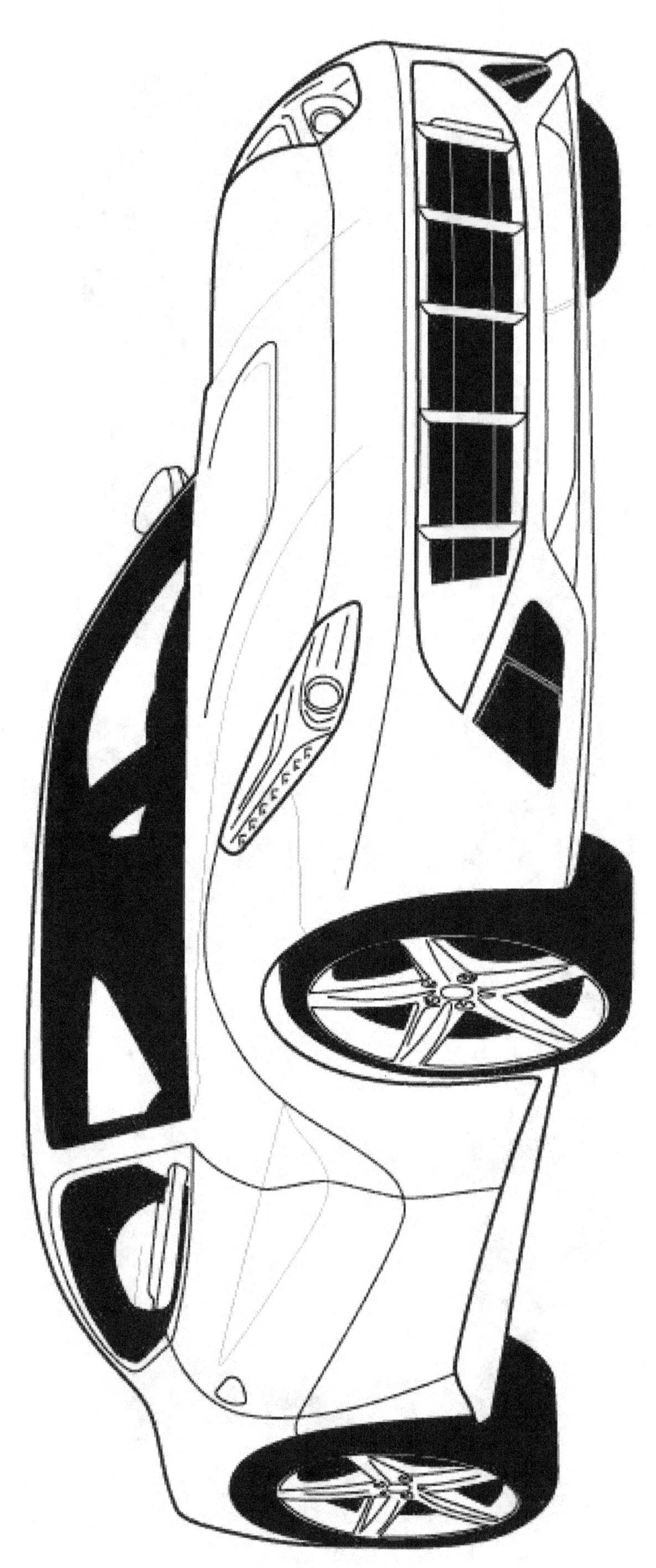

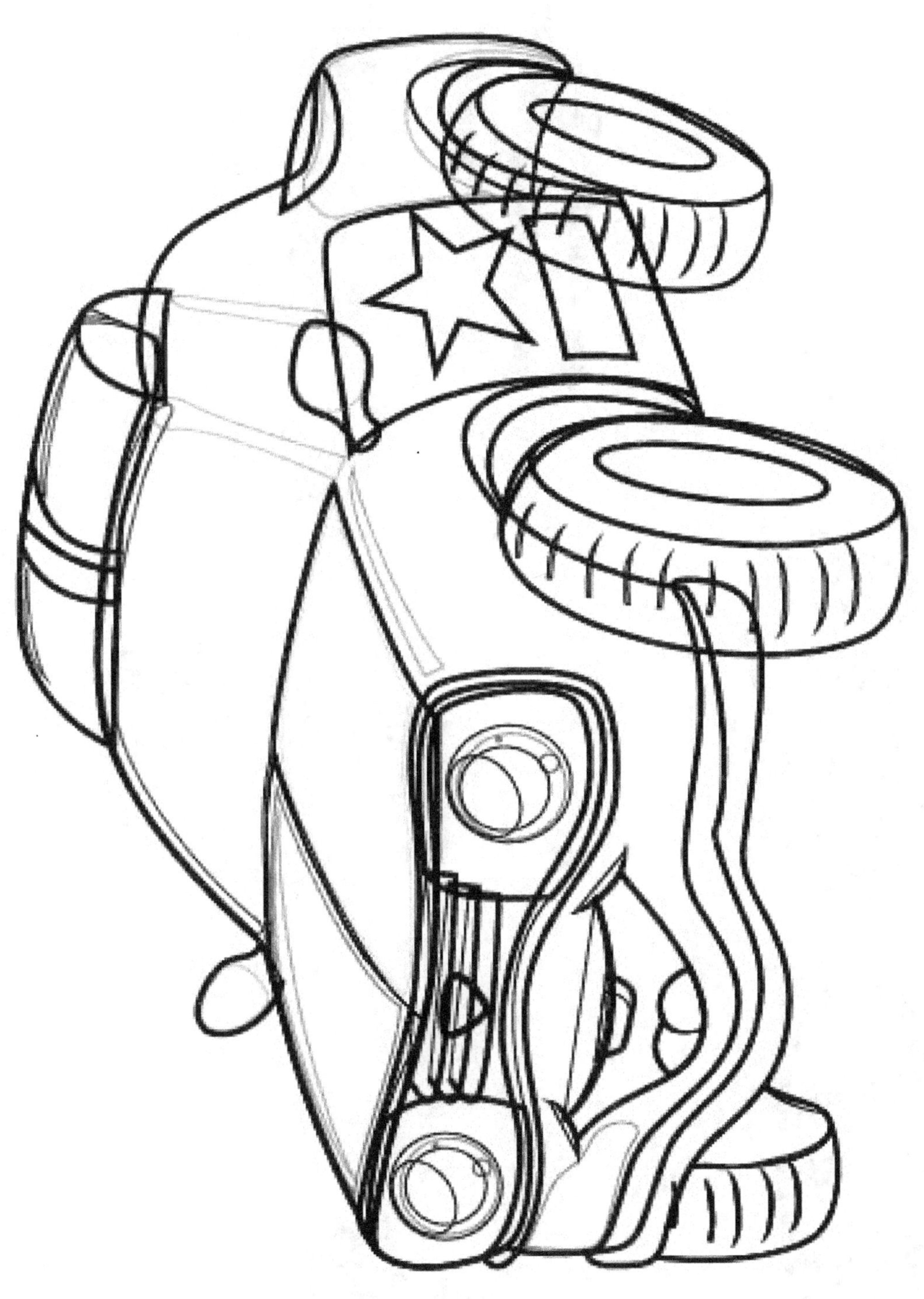

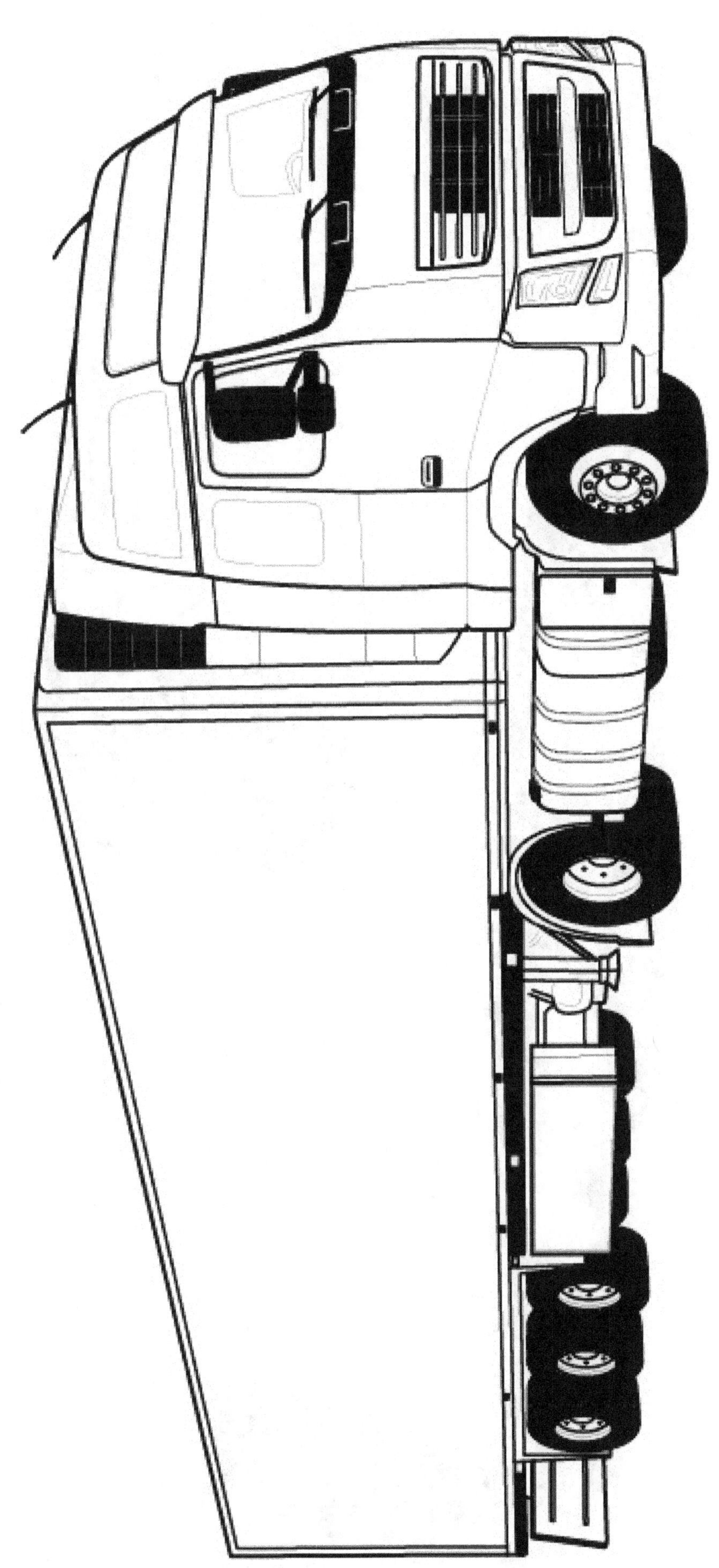

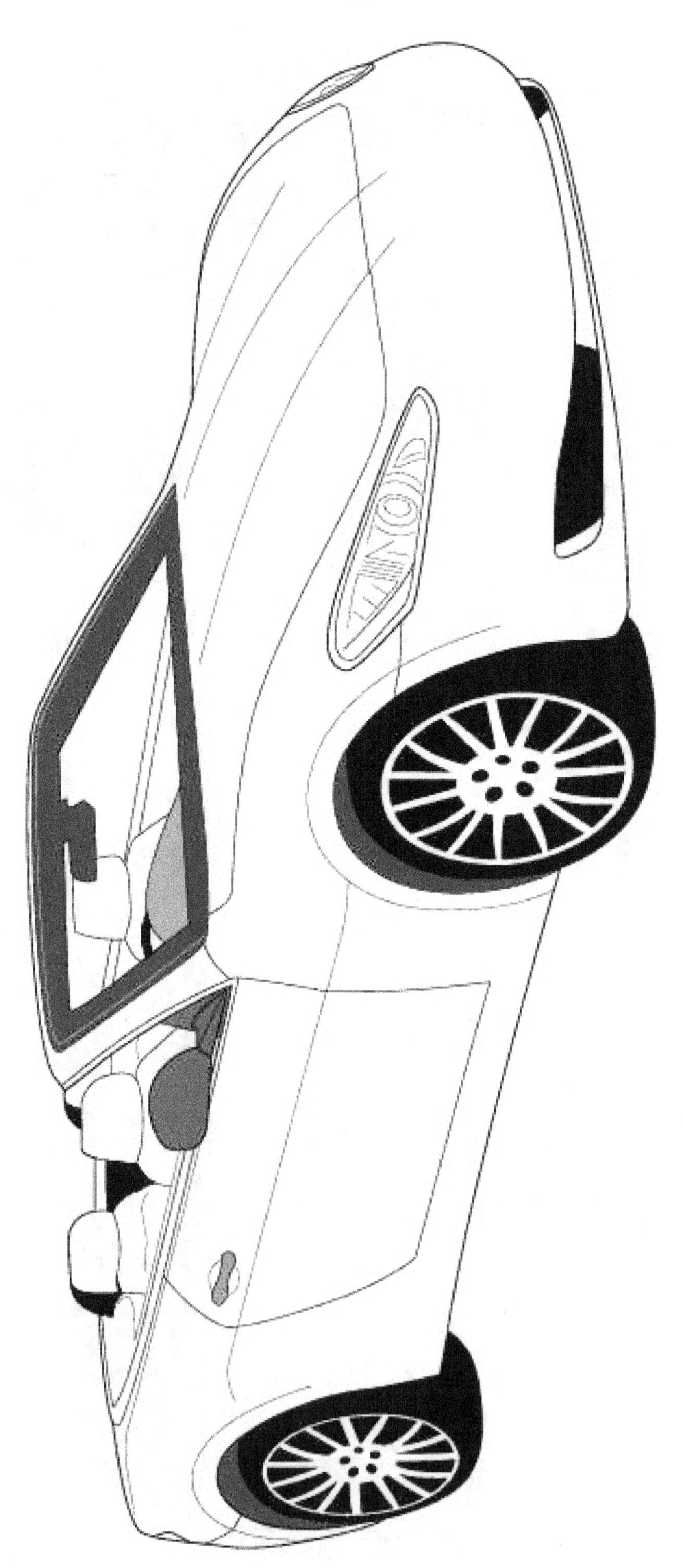

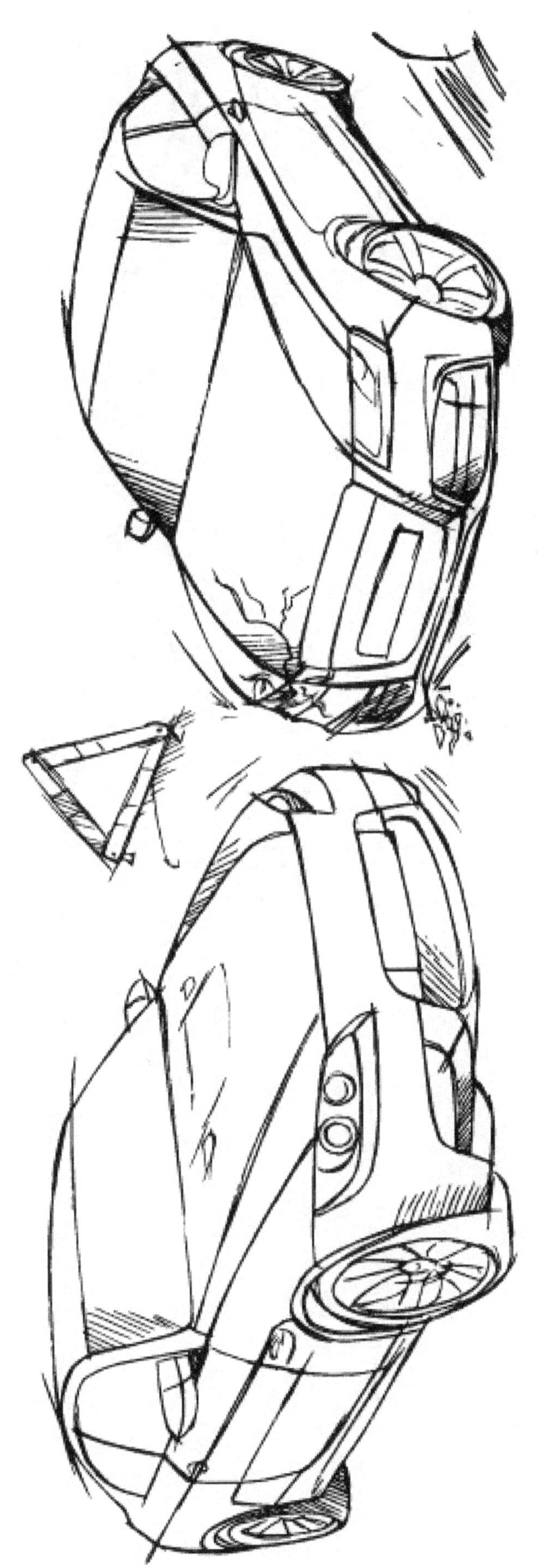

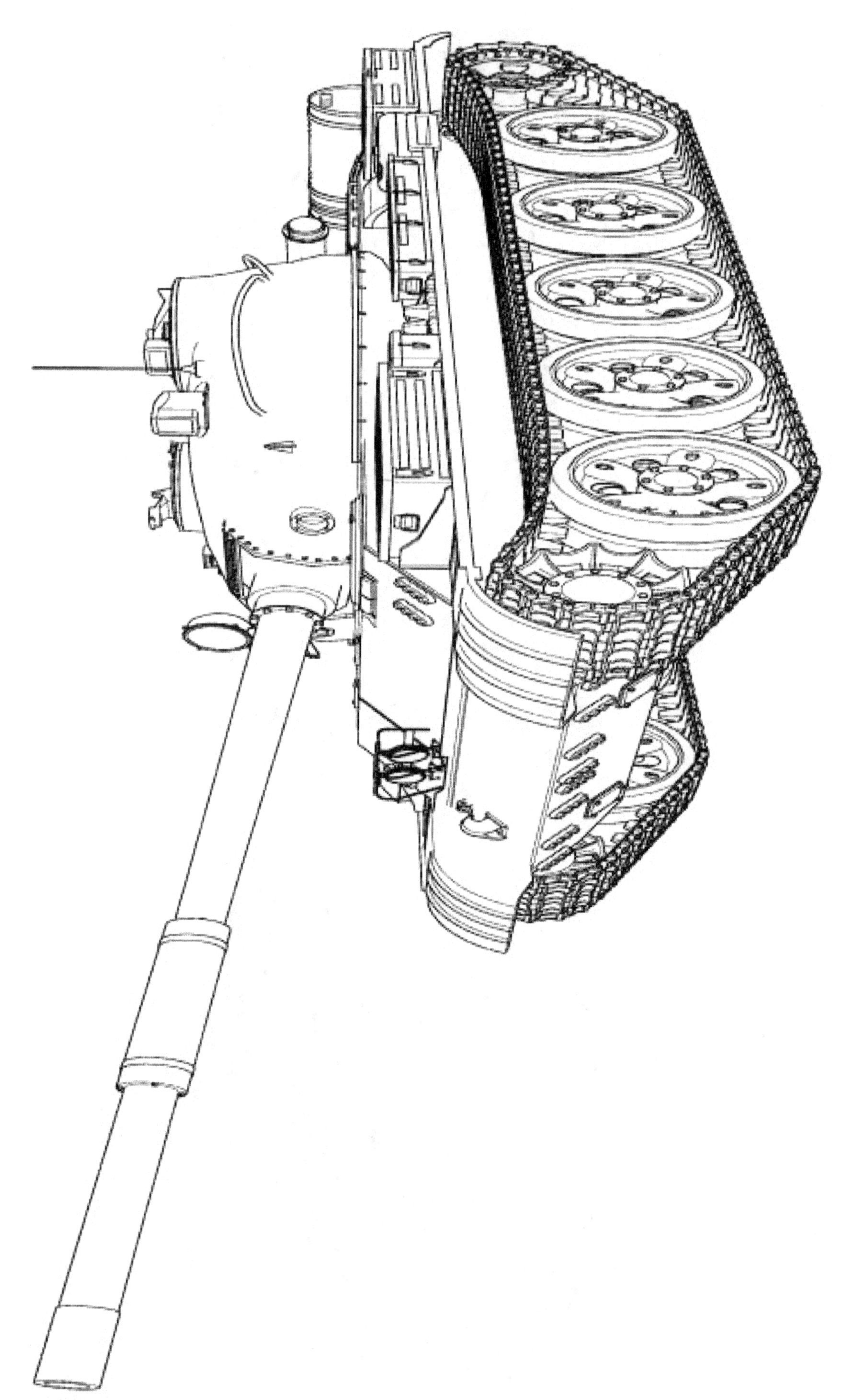

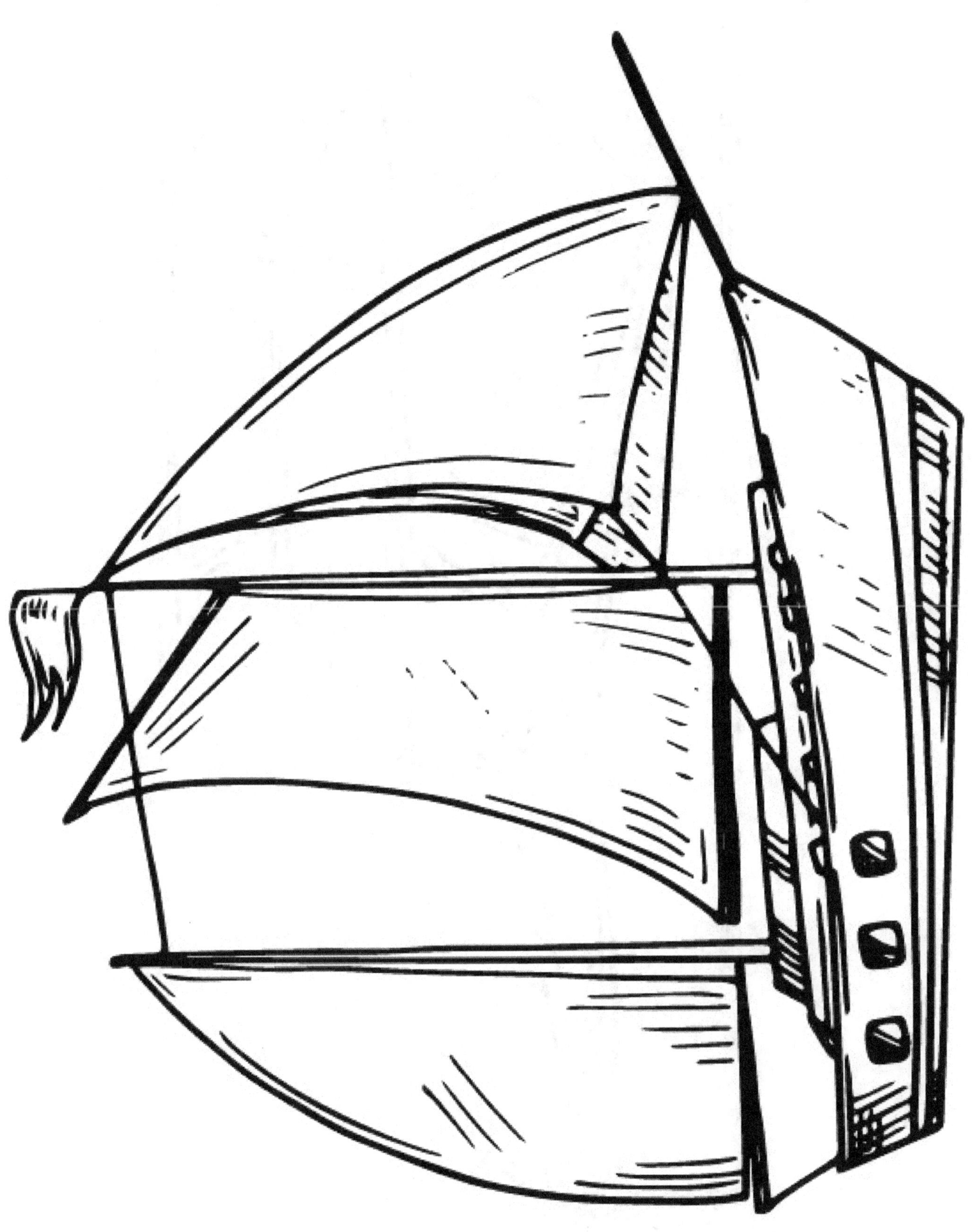

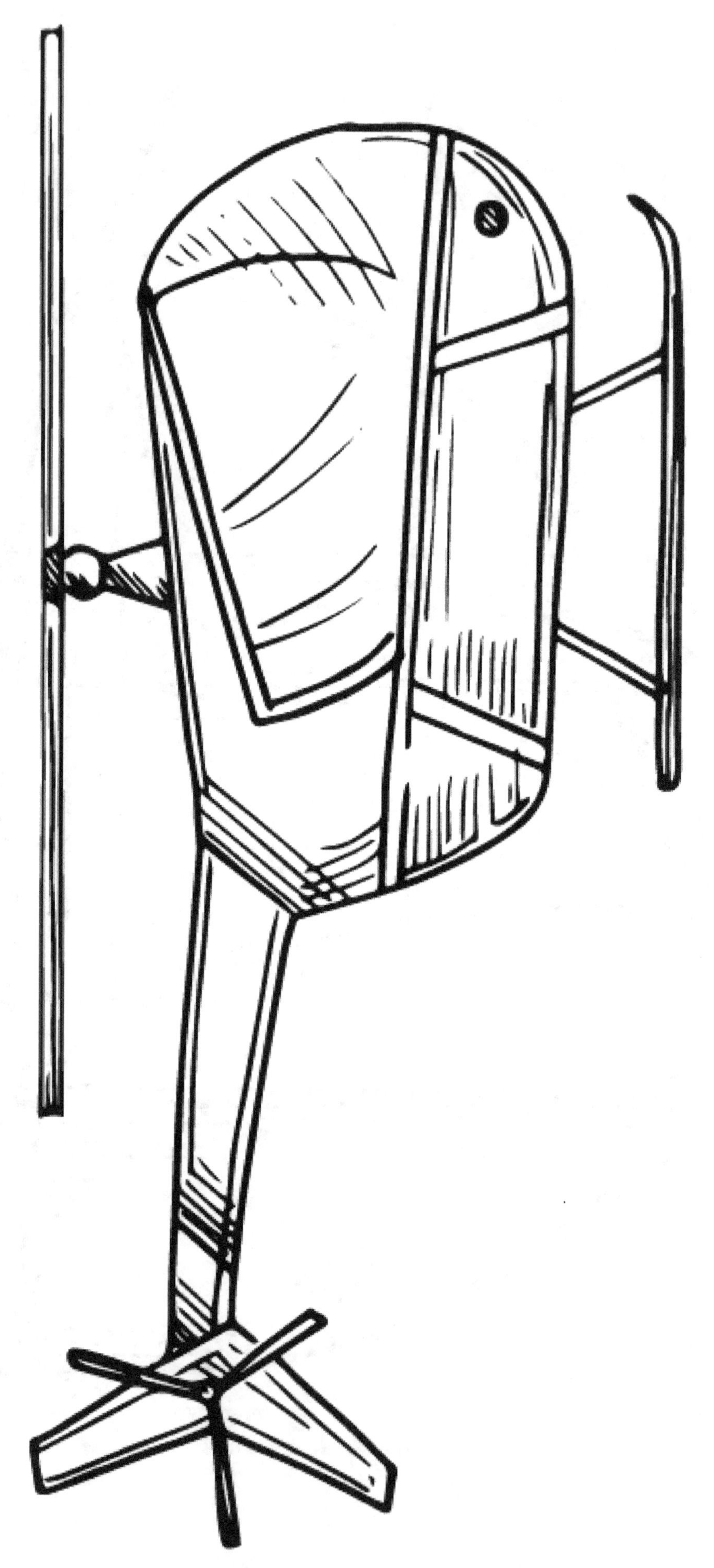

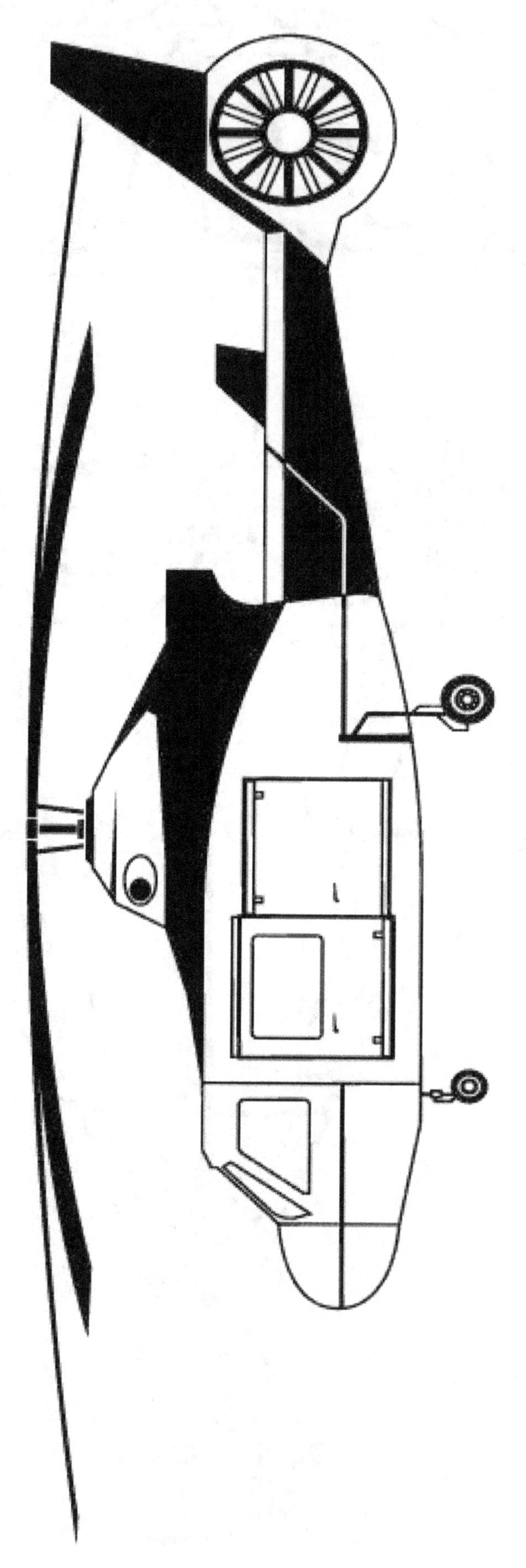

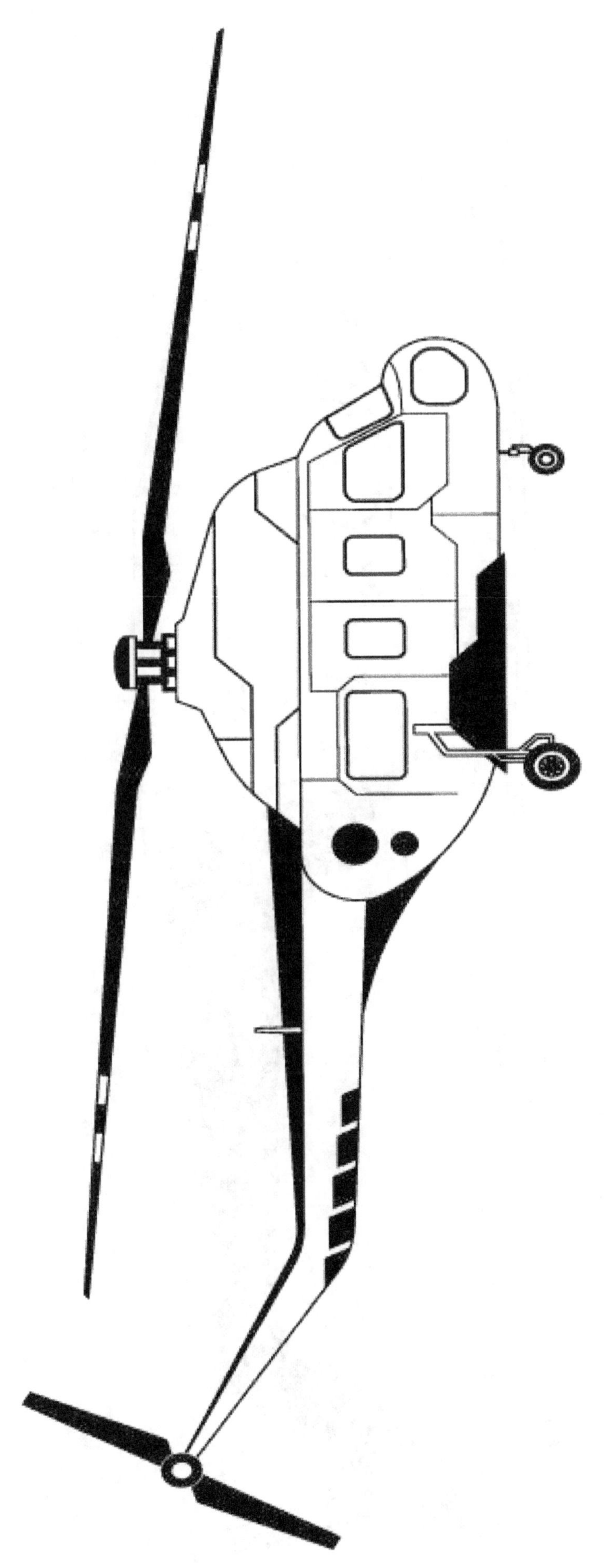

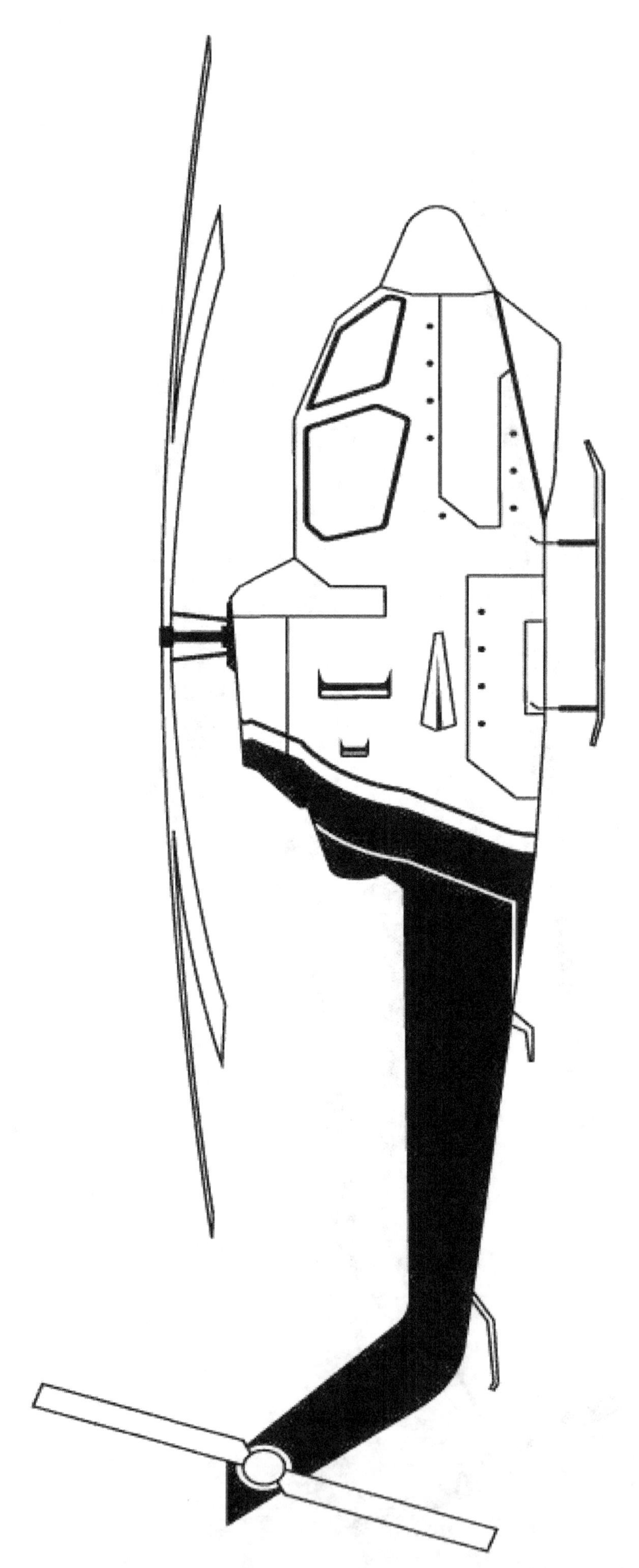

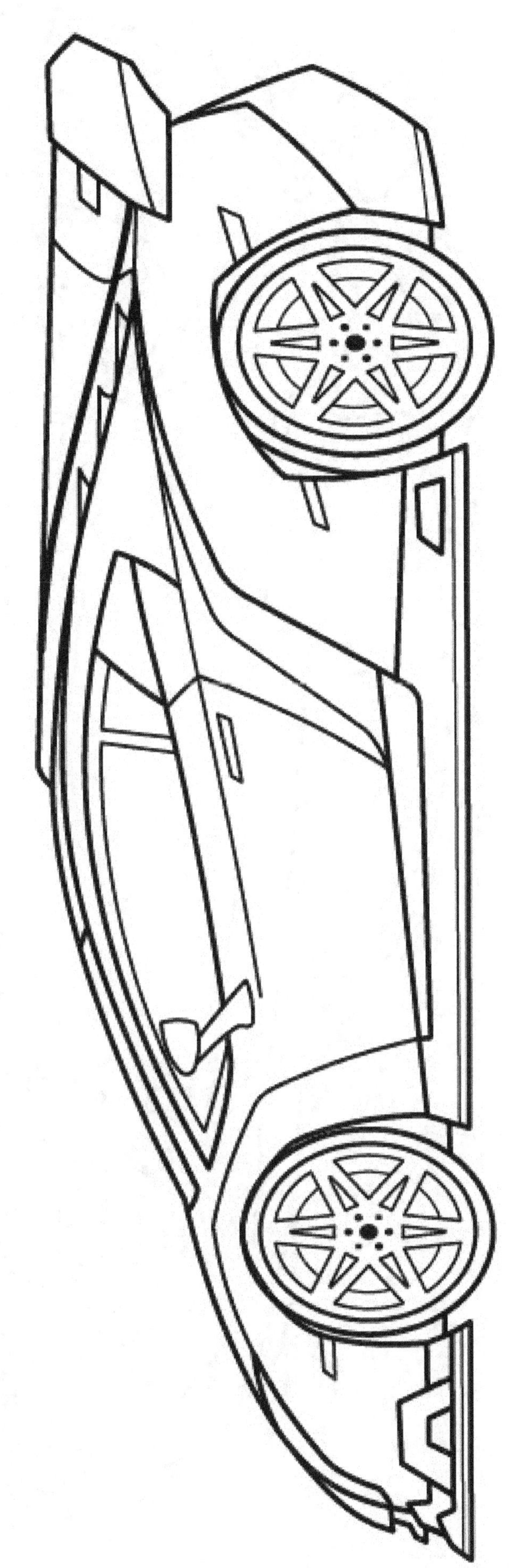

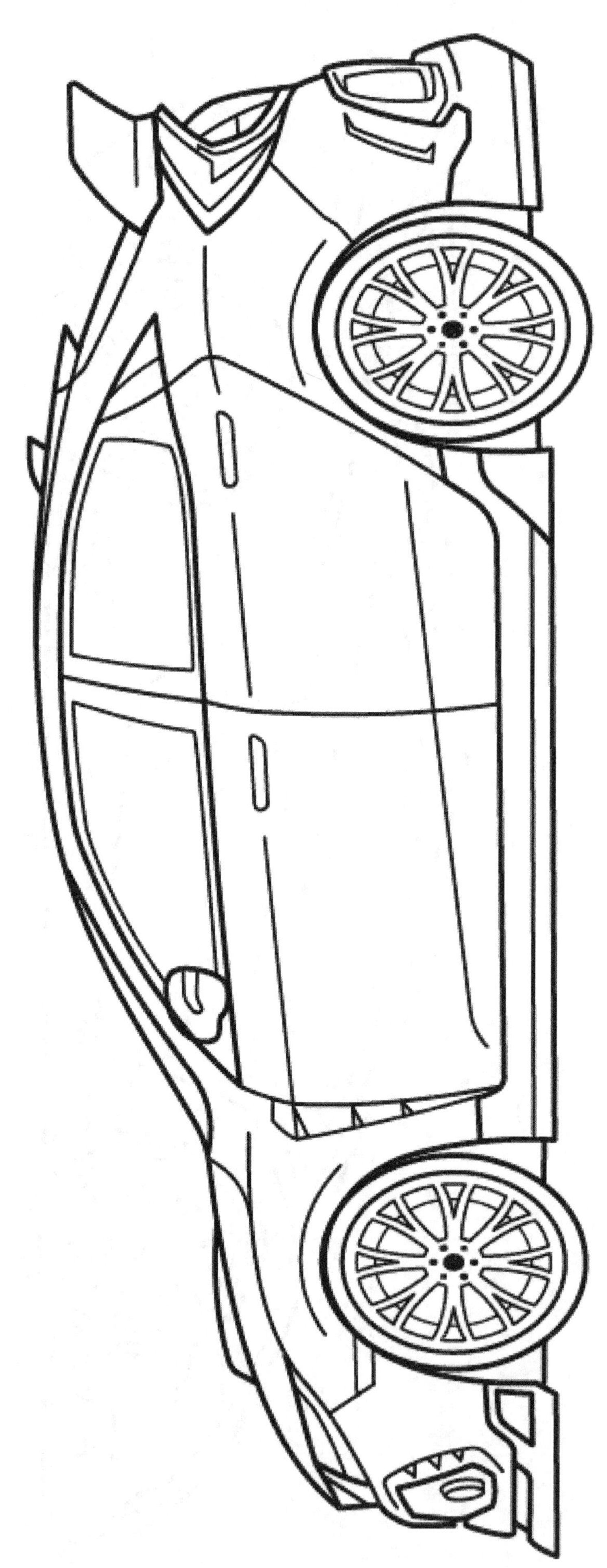

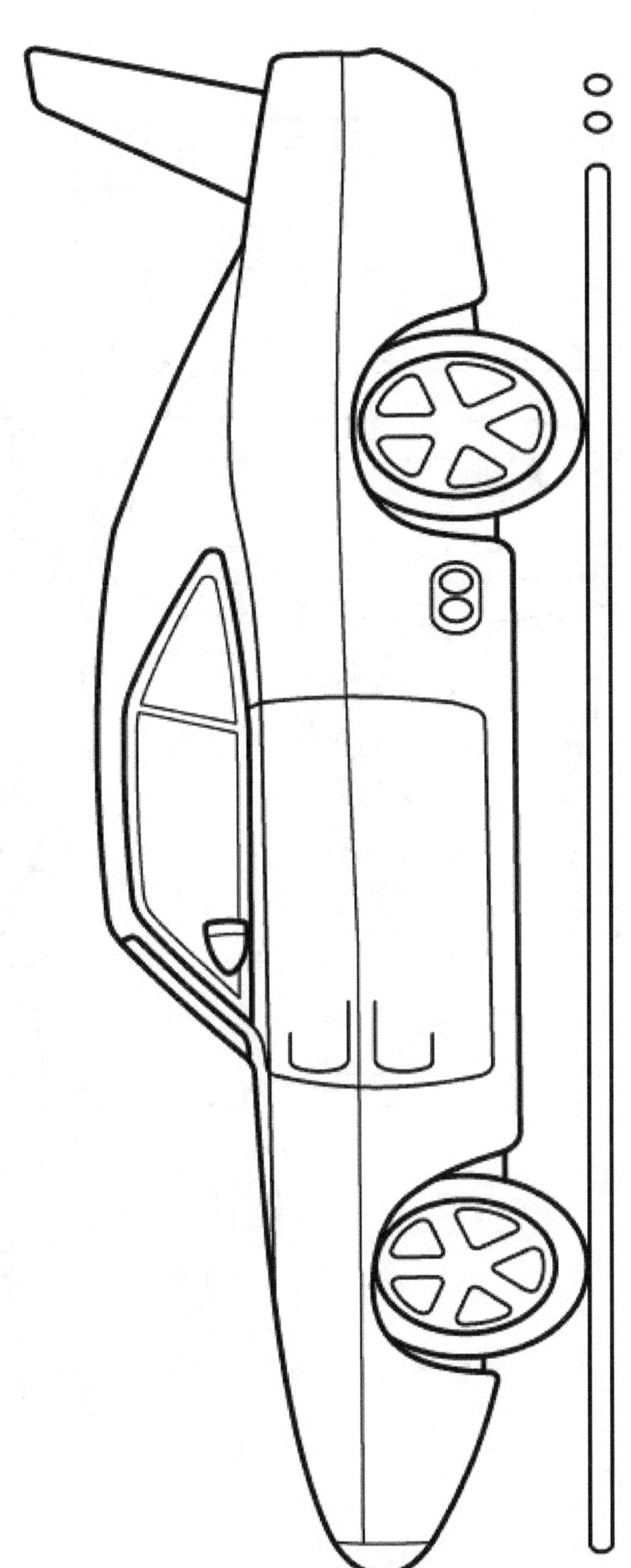

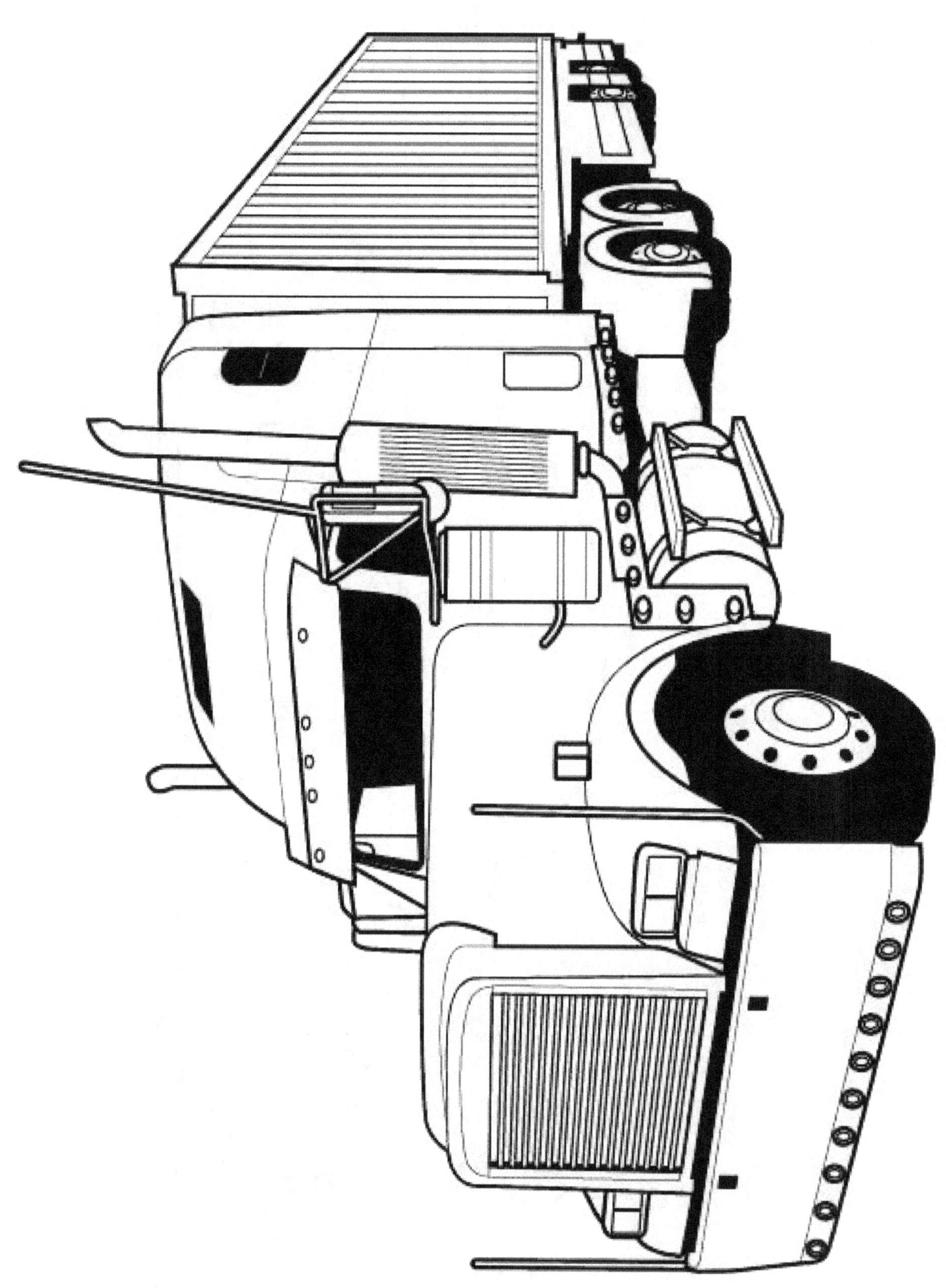

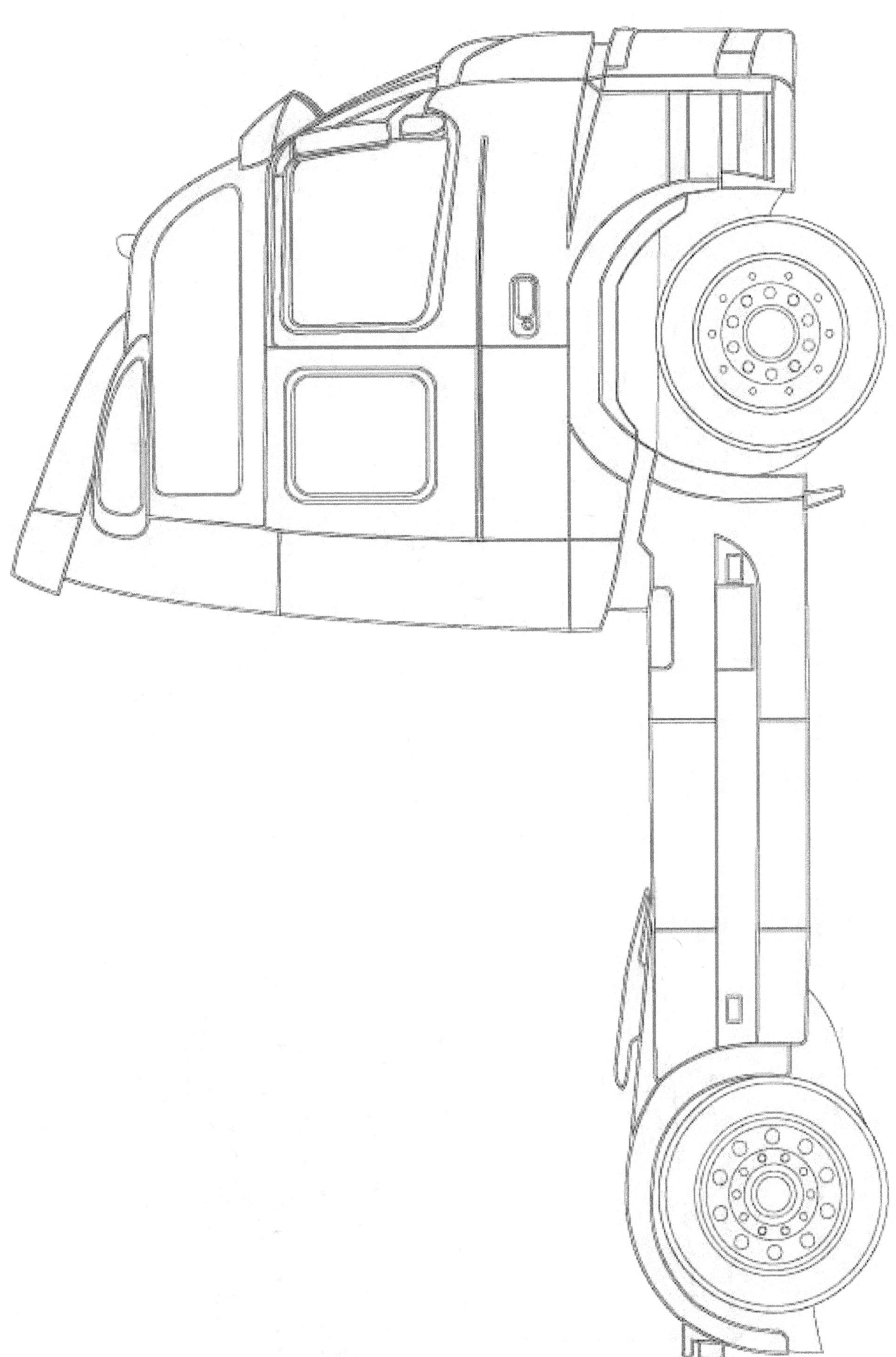

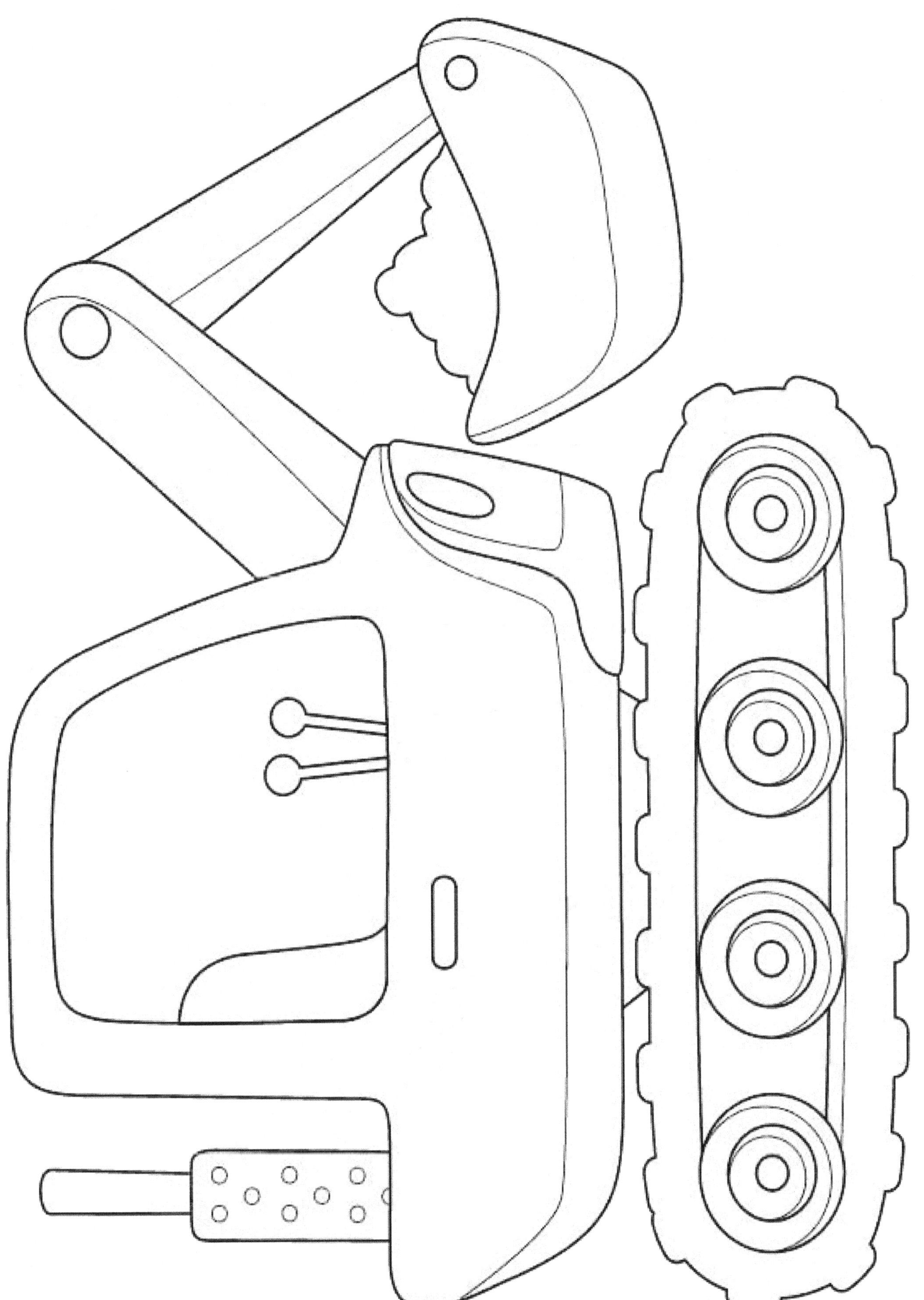

WORK
ZONE
5 TON

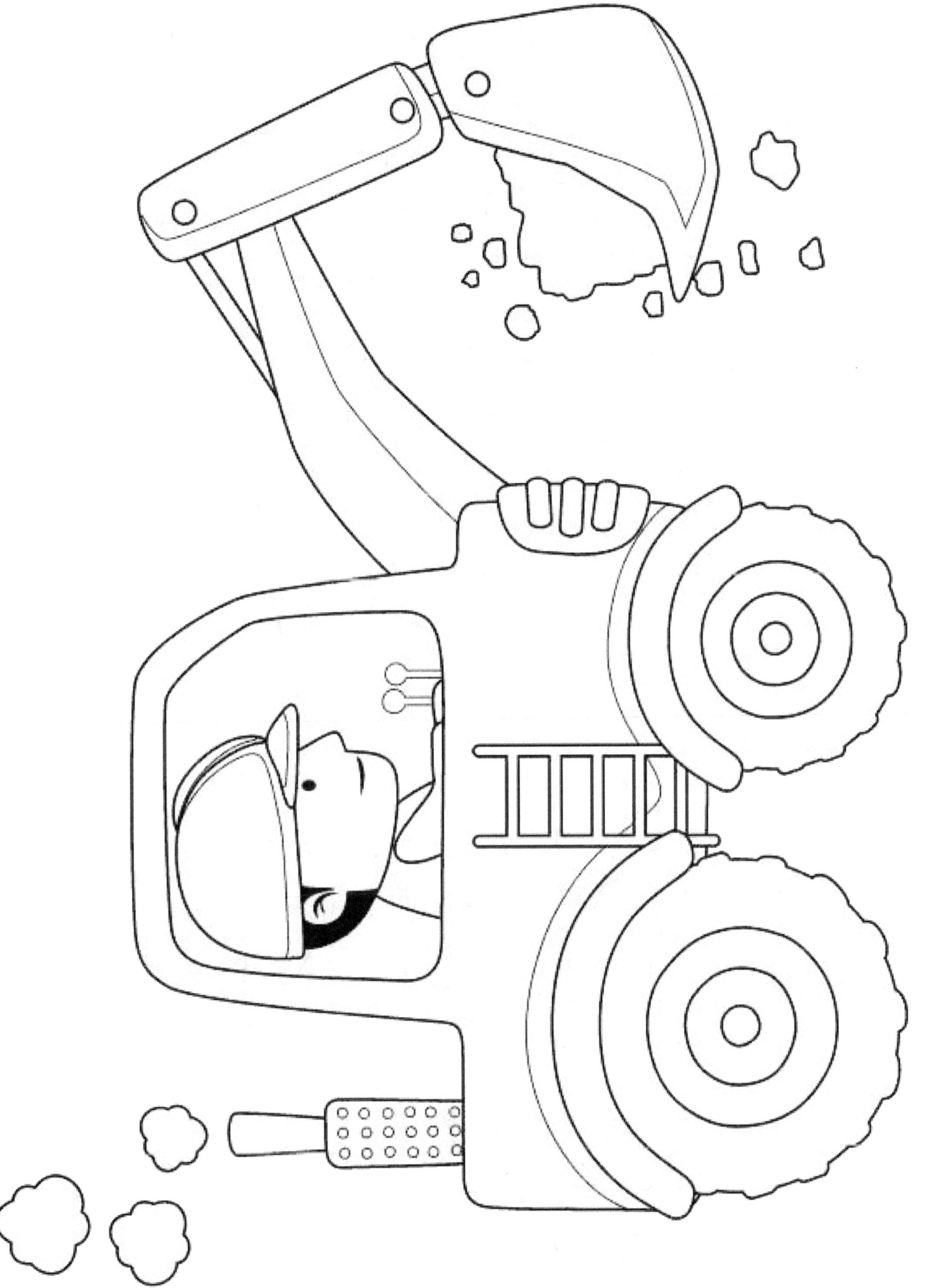

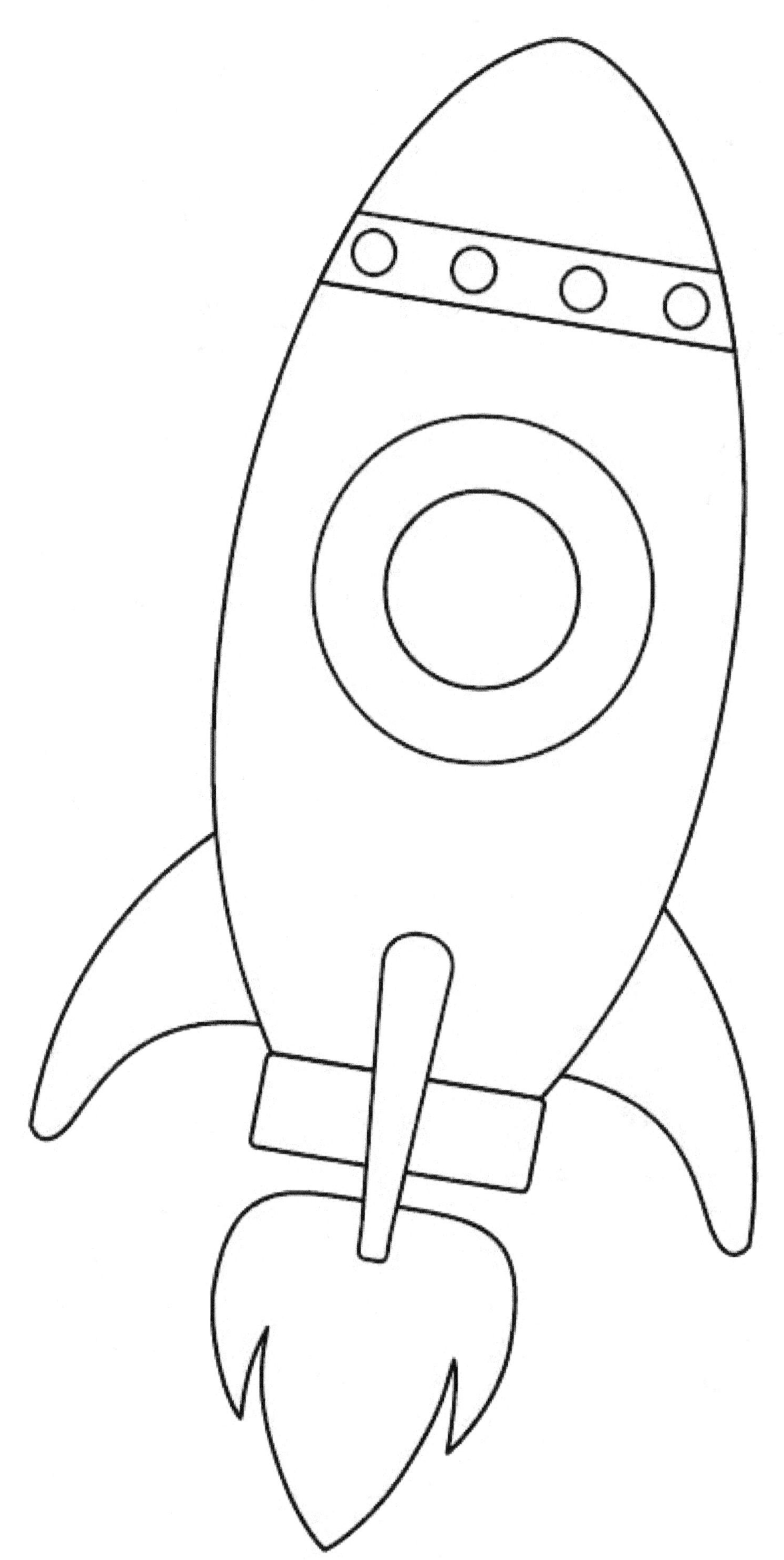

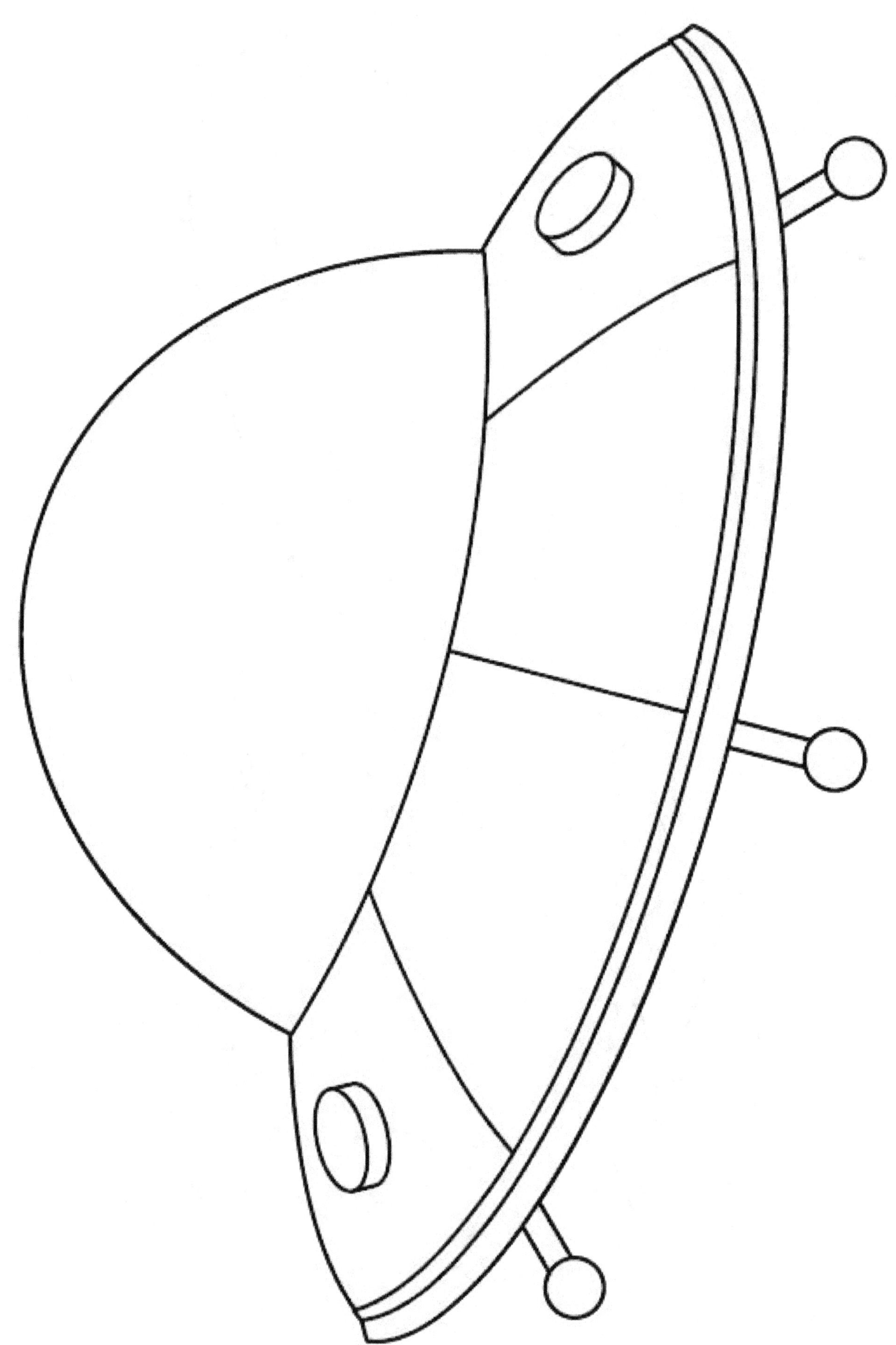

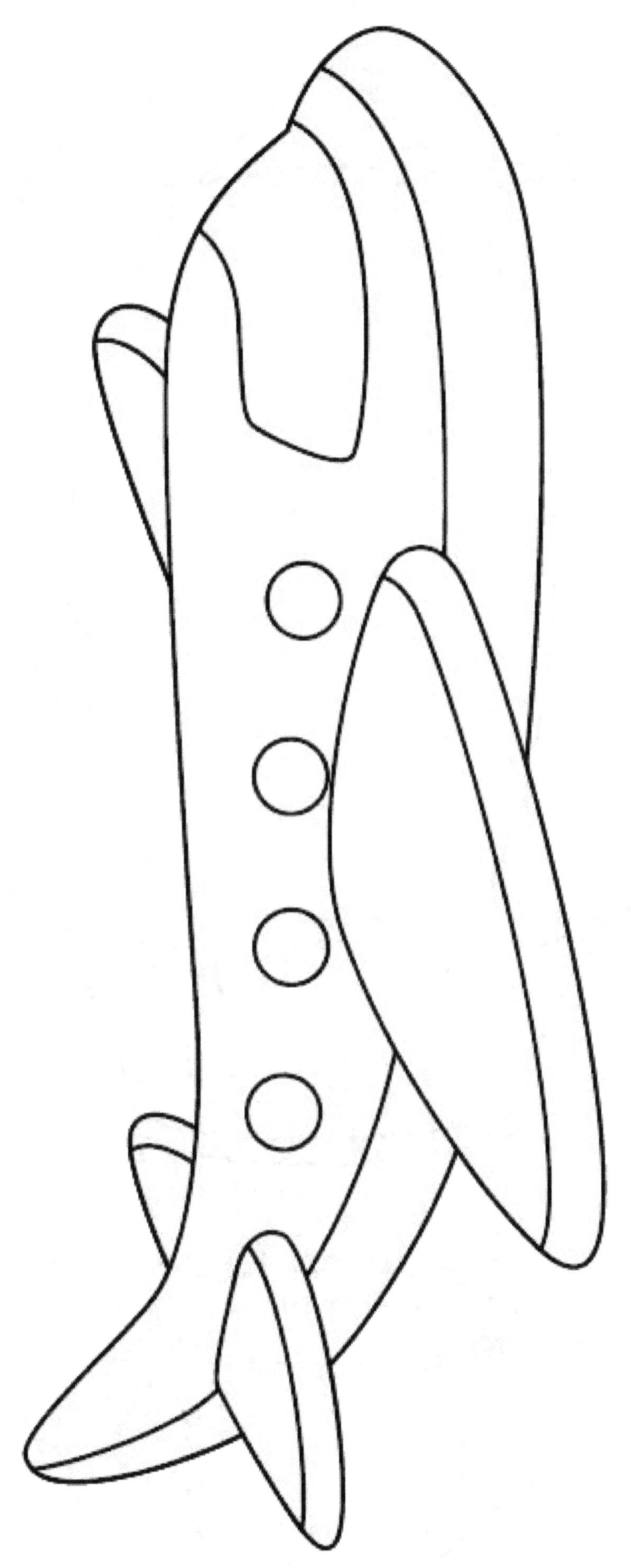